Cumprimento Provisório no Processo do Trabalho
De acordo com o Novo CPC

1ª edição — 2009
2ª edição — 2016

Marcelo Freire Sampaio Costa

Doutor em direito pela PUC/SP. Mestre em Direito pela UFPA. Especialista em Direito pela Unama. Ex-Procurador do Estado do Pará. Ex-advogado concursado da Infraero. Autor de diversos livros e dezenas de artigos doutrinários. Professor convidado em diversos cursos de Pós-Graduação, entre eles, CESUPA (Direito Processual Civil), PUC/COGEAE, São Paulo e Campinas (direito processual do trabalho e meio ambiente do trabalho), UNAMA (direito material e processual do trabalho). Membro do Ministério Público do Trabalho, lotado na 2ª Região.

Cumprimento Provisório no Processo do Trabalho
De acordo com o Novo CPC

2ª Edição

EDITORA LTDA.
© Todos os direitos reservados

Rua Jaguaribe, 571
CEP 01224-003
São Paulo, SP – Brasil
Fone: (11) 2167-1101
www.ltr.com.br
Outubro, 2016

Versão impressa: LTr 5664.5 – ISBN 978-85-361-9049-5
Versão digital: LTr 9052.6 – ISBN 978-85-361-9045-7

Dados Internacionais de Catalogação na Publicação (CIP)
(Câmara Brasileira do Livro, SP, Brasil)

Costa, Marcelo Freire Sampaio
  Cumprimento provisório no processo do trabalho : de acordo com o novo CPC / Marcelo Freire Sampaio Costa. — 2. ed. — São Paulo : LTr, 2016.

  Bibliografia.

  1. Direito processual do trabalho — Brasil 2. Execução (Direito trabalhista) — Brasil 3. Execução provisória — Brasil 4. Processo civil — Legislação — Brasil I. Título.

16-07484   CDU-347.952:331(81)

Índice para catálogo sistemático:

  1. Brasil : Execução provisória : Processo civil :
     Direito do trabalho   347.952:331(81)

*À Dani Costa e ao Pedro Augusto Costa,
agora e sempre; pelo que sou e pelo que ainda serei.*

Agradecimentos

Aos meus amados pais, Alberto e Ana Lúcia, que me educaram sem medir esforços e ensinaram-me a lutar pela vida.

À LTr Editora, que, mais uma vez, encampou esse novo projeto.

Sumário

Nota à Segunda Edição 13

Prefácio 15

Capítulo 1 — Introdução 17

Capítulo 2 — Premissas Fortes que Justificam a Aplicação do Cumprimento Provisório do Novo CPC na Execução Laboral 20
2.1. À guisa de introito 20
2.2. Primeira premissa forte. Constitucionalização do processo do trabalho 21
2.3. Segunda premissa forte. Distinção entre normas-regras e normas-princípios ... 23
2.4. Terceira premissa forte. Satisfação do julgado em prazo razoável, incluindo atividade satisfativa 25
2.5. Quarta premissa forte. Leitura sistemática do princípio da subsidiariedade do NCPC no processo laboral 27
   2.5.1. Fases da subsidiariedade: i) clássica; ii) conforme a Constituição; iii) sistemática 29
      2.5.1.1. Do viés clássico do princípio da subsidiariedade no processo do trabalho 29
      2.5.1.2. Leitura conforme a Constituição à técnica da subsidiariedade ... 30
      2.5.1.3. Da necessária leitura sistemática 34
   2.5.2. A subsidiariedade e o NCPC 35
   2.5.3. Há revogação do art. 769 da CLT pelo NCPC 37
   2.5.4. Subsidiariedade na execução laboral, NCPC e a revogação do art. 889 da CLT 38
   2.5.4. Subsidiariedade, novo CPC e o modelo satisfativo do cumprimento provisório do processo civil no processo do trabalho 40

Capítulo 3 — Teoria Geral da Fase Executiva 41
3.1. Sentença não significa tutela ao direito vindicado 41
3.2. A tutela jurisdicional executiva. Posicionamento do tema 42
3.3. Perfil histórico da tutela executiva. Da barbárie até o sincretismo 44
3.4. Execução trabalhista e sincretismo no processo do trabalho 47

3.5. Da execução direta e indireta 48
    3.5.1. De uma possível mudança de cenário por intermédio do art. 139, IV do NCPC 51
3.6. Da multa do § 1º do art. 523 do NCPC 52
    3.6.1. Delimitando o § 1º do art. 523 do NCPC 53
    3.6.2. Incidência no processo do trabalho 55
        a) Multa violada do devido processo legal 57
        b) Tumulto processual e suposto prazo mais dilargado do antigo art. 475-J. Falta de efetividade 58
        c) Nova subsidiariedade no processo do trabalho 59
        d) Do art. 15 do NCPC e da técnica supletiva 59
3.7. Sistemáticas distintas. Execução em decisão de quantia e execução específica .. 60
    3.7.1. Certa flexibilização no panorama geral da execução no processo civil. Aplicação no processo do trabalho 61
3.8. Execução de título executivo extrajudicial na Justiça do Trabalho 62
3.9. Execução em sentença de quantia contra devedor solvente no processo do trabalho 62
3.10. Aspectos gerais da tutela específica no processo 63
3.11. Tutela específica no processo do trabalho clássico 64
    3.11.1. Da tutela inibitória. Aplicação no processo do trabalho 66
3.12. Execução da tutela específica 68
3.13. Sentença, acórdão ou decisão interlocutória imediatamente executável 71
3.14. Novo regramento ao efeito suspensivo no processo civil, com reflexos na sistemática da execução provisória 72
    3.14.1. Dos efeitos recursais no processo do trabalho, com reflexos sobre a execução provisória 73
    3.14.2. Peculiaridade do recurso de agravo de petição 74
3.15. Distinção entre execução definitiva e provisória (fundada em decisão provisória). Execução completa e incompleta 75
    3.15.1. Sistemática no processo do trabalho 79

Capítulo 4 — Modelo de Cumprimento Provisório do NCPC Aplicado ao Processo do Trabalho 81
4.1. À guisa de introito 81
4.2. Do mecanismo de leitura supletiva disposta no NCPC aplicado na fase executiva laboral 81
4.3. Do marco modificador da execução provisória 82
4.4. Do modelo atual da execução provisória 83
4.5. Distinções necessárias entre as expressões "cumprimento provisório", "cumprimento definitivo" 88
    4.5.1. Cumprimento provisório incompleto e cumprimento provisório completo 87

4.6. Módulo processual autônomo de cumprimento iniciado pela previsão de multa do § 1º do art. 523 do NCPC, distinto da fase de realização de atos expropriatórios estatais 89
4.7. Instauração do cumprimento provisório no processo do trabalho 91
4.8. Compatibilidade da multa do § 1º do art. 523 ao cumprimento provisório 92
4.9. Sistemática da caução e a sua dispensabilidade 97
    4.9.1. Previsão legal 97
    4.9.2. Considerações gerais 97
    4.9.3. Hipóteses de exigência de caução e sua compatibilidade com o processo do trabalho 99
    4.9.4. Dispensa da caução e sua compatibilidade com o processo do trabalho .. 101
4.10. Responsabilidade objetiva 105
4.11. Retorno das partes ao estado anterior, reforma total ou parcial e os efeitos perante terceiros 107
4.12. Penhora em dinheiro em sede de execução de decisão de eficácia provisória no processo do trabalho e o NCPC. Necessária mudança de rota 110
4.13. Notas sobre a delimitação dos regimes de cumprimento provisório no NCPC envolvendo obrigações de pagar e tutela específica no NCPC, com aplicação supletória no processo laboral 115
4.14. Cumprimento provisório de decisão interlocutória de obrigação de pagar .. 115
4.15. Cumprimento provisório de decisão interlocutória de obrigação específica 117
4.16. Cumprimento provisório de sentença de quantia no processo do trabalho . 118
    4.16.1. Liquidação de sentença de quantia na pendência de recurso 119
4.17. Cumprimento provisório de sentença ou acórdão de obrigação específica .. 120
4.18. Defesa incidental. Dos embargos à execução para impugnação. Pertinência com a execução provisória laboral 121
4.19. Do requerimento da execução e autenticação de peças 122

Referências Bibliográficas 123

Nota à Segunda Edição

Com satisfação e orgulho apresento a segunda edição desse trabalho, escrito já há alguns anos, agora renovado, ou melhor, quase completamente reescrito, considerando a edição do novo Código de Processo Civil.

O título anteriormente era **Execução Provisória no Processo do Trabalho**. Foi modificado e passa a ser chamado **Cumprimento Provisório no Processo Laboral (de acordo com o Novo CPC)**, considerando a nomenclatura adotada no art. 520 do NCPC.

A partir da edição do novel diploma processual civil, o grande desafio aos processualistas laborais, talvez o maior — atualmente, será adequar, conforme se pretende apresentar nas próximas páginas, a execução trabalhista ao modelo executivo satisfativo do NCPC.

Desafio certamente dobrado ao processualista do trabalho. Porque inicialmente será necessário compreender a sistemática do renovado processo civil, para depois adequá-lo e transportá-lo à sistemática processual laboral.

O caminho dessa segunda edição segue a mesma toada da edição primeva, isto é, realizar o (a nosso sentir) necessário e responsável diálogo das fontes entre o processo civil e o laboral, agora sob a inspiração do CPC vigente.

Aliás, até o colendo Tribunal Superior do Trabalho vem evitando esse desafio, pois, ao editar a Instrução Normativa n. 39/2016, que pretende "interpretar" quais as normas seriam "aplicáveis" e "inaplicáveis" ao processo do trabalho, "de forma não exaustiva", deixou de apreciar essa possível aplicabilidade do sistema de cumprimento provisório do processo civil no processo do trabalho.

Vale também deixar registrado a ausência de livros e até artigos científicos, até a presente quadra, tratando dessa questão no processo do trabalho.

Outros desafios, enormes — diga-se de passagem, também serão apontados. Mas esses ficam para serem descobertos no corpo do presente estudo.

Prefácio

Conheci o professor doutor Marcelo Freire Sampaio Costa, procurador do trabalho, em embate promovido pela OAB do Pará, há alguns anos, quando nos coube dizer, em magnífico simpósio, como nos posicionávamos, ele e eu, acerca da eficácia dos direitos fundamentais entre particulares e qual a impressão que tínhamos a propósito da jurisprudência sobre o tema. Naquela ocasião, percebi-o cético quanto à perspectiva jurisprudencial, embora assertivo na crença de que a evolução do direito do trabalho deveria associar-se à concretização dos direitos humanos constitucionalizados.

A leitura desta obra, que tenho agora o privilégio de prefaciar, fez-me recordar tal encontro acadêmico, compartilhado pela seleta comunidade jurídica paraense. É que se mantém a visão crítica com que o autor enxerga as normas e mutações normativas relacionadas ao trabalho humano ou ao processo judicial voltado à garantia de trabalho digno. Antes assim, pois cansam as abordagens meramente descritivas do direito posto.

Ao debruçar-se sobre a aplicação do novo CPC ao processo do trabalho, o procurador Marcelo se impõe alguns desafios dogmáticos cuja resolução vai destrinçando gradualmente em seu texto. O primeiro deles é o de explorar o caráter seminal e ao mesmo tempo tentacular dos princípios insertos em nossa Constituição como premissa sem a qual não é possível dimensionar, a partir das reformas de direito processual, o grau de desenvolvimento alcançável pelo processo civil e, no mesmo passo, pelo processo do trabalho. Extraio de seus ensinamentos que uma nova racionalidade, em nossos congestionados fóruns, somente terá bons auspícios se correlacionar as teorias processuais à efetividade dos direitos fundamentais.

O autor também desenvolve a ideia de estar a duração razoável do processo associada necessariamente à adoção de atividade jurisdicional satisfativa. Vale dizer: se é verdade que todo processo demanda esforço cognitivo, o que exige tempo, também o é que o *tempo do processo* não deve necessariamente onerar o demandante ou, antes, a vítima potencial da lesão. A primazia da tutela específica é assunto que empolga o autor e ele enfatiza, com propriedade, a desnecessidade de dano para que se assegure a tutela que visa à "materialização do direito do jurisdicionado tal como existente originariamente antes da violação". Ao dissertar sobre o tema, associa-o evidentemente à tutela inibitória e a define como aquela que "chega antes do ilícito", inclusive dos ilícitos omissivos.

A subsidiariedade e a supletividade do novo CPC, sobretudo no que toca ao cumprimento das decisões judiciais, são consideradas como técnicas alvissareiras pelo professor Marcelo Freire Sampaio Costa, alicerçando-se ele no fundamento, para nós de extrema clareza, de que só é supletiva ou subsidiária a norma (CPC) que reconhece o primado da norma principal (a CLT). A compatibilidade exigida pelo art. 769 da CLT sobrevive, não há dúvida. Ademais, é voz corrente que os avanços na direção da celeridade e efetividade do processo transitam mais facilmente, em meio aos escaninhos do Parlamento, quando o projeto de lei guarda relação com o processo civil e, portanto, não há sentido em desconhecer as lacunas normativas ou ideológicas que assim se abrem na legislação processual do trabalho. É como dizer: se a norma geral (CPC) deu saltos maiores com vistas à realização dos propósitos almejados pela norma especial (CLT), o critério da especialidade resulta seriamente comprometido.

O autor distingue, sem incorrer em digressões semânticas desnecessárias, as várias hipóteses de cumprimento das decisões judiciais, explicando o ganho civilizatório que se obtém com o cumprimento por efetivação. A diferença entre as medidas sub-rogatórias e coercitivas é enaltecida nessa passagem importante de sua obra. Merecem igualmente atenta leitura os fragmentos deste livro dedicados aos limites naturais e políticos da execução, à exigibilidade ou não da caução no cumprimento provisório das decisões e aos efeitos da reversão das decisões cujo cumprimento provisoriamente se implementou. Ative-me, e recomendo que se atenham os leitores, ao capítulo em que o professor Marcelo propõe reflexão acerca das razões pelas quais os embargos — ou a impugnação — do devedor poderiam ser opostos sem a necessária garantia do juízo, a exemplo do que sucede no processo civil, já há algum tempo.

Observo, enfim, e como provocação ao autor, que muito de suas posições doutrinárias têm obtido paulatina aceitação na jurisprudência que emana do Tribunal Superior do Trabalho. É difícil encontrar, entre as suas tantas e valiosas lições, proposição doutrinária que não tenha acolhida, por exemplo, na Instrução Normativa n. 39/2016 do TST — que enunciou as primeiras impressões da corte trabalhista sobre as regras do novo CPC compatíveis com o processo do trabalho — ou que não esteja sob exame, cauteloso e ponderado, dos magistrados que formam as várias instâncias da Justiça do Trabalho. Quando se tem convicção formada — e o professor Marcelo a tem em pontos cruciais — não é fácil, bem o sei, aguardar a evolução natural dos precedentes que comporão, cedo ou tarde, o acervo jurisprudencial.

Desejo leitura proveitosa a todos, augurando a todos o deleite que tive ao ler esta obra.

Brasília, em outubro de 2016.

Augusto César Leite de Carvalho
Ministro do TST

Capítulo 1

Introdução

O processo civil vem enfrentando sucessivas ondas de reformas há quase quinze anos, que acabou por culminar na edição da vigente Lei n. 13.105/2015, mais conhecida como Novo Código de Processo Civil. A pretensão dessas modificações, e principalmente dessa nova codificação, é eliminar formalismos inúteis, buscando tornar-se procedimento lesto e efetivo à pretensão daquele que busca a proteção do Poder Judiciário, em homenagem ao disposto no art. 5º, XXXV, da CF/88).

O processo do trabalho, regrado originariamente pelo texto celetista, por sua vez, concebido ainda à época da vigência do Código de Processo Civil de 1939, e com ele guardando diversas semelhanças, como é o caso da concepção da execução ou cumprimento provisório como um instrumento de mero acautelamento da pretensão resistida, conforme será apreciado em momento oportuno, estagnou no que tange às necessárias atualizações legislativas, e não vem granjeando, ao contrário do processo civil, amadurecimento jurisprudencial, muito menos doutrinário.

Esse panorama de imobilismo acabou por provocar natural sensação de acomodação da doutrina e jurisprudência.

Em outras palavras certamente mais duras: o processo do trabalho literalmente estagnou!

Vale lembrar que o modelo executivo do processo do trabalho vem passando, incólume e imobilizado, por três diplomas processuais civis, editados em momentos históricos completamente distintos e profundamente alterados, buscando atualização com as naturais alterações sociais havidas pelo evolver dos tempos.

O Código de Processo Civil de 1939 serviu de inspiração para o incipiente modelo executivo provisório do texto celetista, consoante será melhor explicado mais à frente. O CPC da década de 1970 e as legislações específicas posteriores transformaram por completo o paradigma executivo provisório anterior; e o atual CPC acabou por consolidar essas mudanças.

Enquanto isso a execução do processo do trabalho estagnou na CLT, desde a década de quarenta até os atuais dias.

Desde a edição das Leis ns. 11.232/ 2005 (Lei de Cumprimento da Sentença) e Lei n. 11.382/2006 (lei que, além de tratar de outros assuntos, notadamente trouxe profundas reformas ao processo de execução de títulos extrajudiciais), a doutrina laboral e jurisprudência passaram a dedicar-se à difícil tarefa de tentar compatibilizar tais inovações com o processo do trabalho. A primeira edição desse estudo foi concebida nesse cenário. Agora temos a vigência da Lei n. 13.105/2015 que justifica essa novel atualização ora trazida à lume.

Parte da doutrina vem tentando classificar (e reduzir) tal movimento de aproximação dos reflexos benéficos das leis alterantes do CPC ao processo do trabalho, desde a edição das Leis ns. 11.232/ 2005 e 11.382/2006, como algo relativo a um suposto radicalismo, engendrado por "garotos" irresponsáveis, destruidores do "puro", "eficaz", "oral" e "despido de formalismos" processo laboral, denominando-se de conservadora, ou algo que o valha. Esse discurso já era ultrapassado antes da edição do NCPC, agora nem se fala. Inobstante haja vozes que ainda o ressoam por aí...

Conforme será apresentado ao longo do presente trabalho, tal bifurcação doutrinal (em lados opostos progressistas e reducionistas) é tacanha e não espelha a complexidade e importância de se buscar aprofundar a possibilidade dessas alterações processuais incidirem beneficamente no processo do trabalho, com reflexos benfazejos à efetividade da entrega da tutela jurisdicional nos tribunais do trabalho.

Essa bifurcação também não alcança a necessidade de se imaginar o ordenamento jurídico como um sistema, estando o texto constitucional situado no cimo dessa pirâmide e as demais normas infraconstitucionais logo abaixo, tal como idealizou um positivista jurídico clássico chamado Hans Kelzen, e, portanto, possuidor da capacidade de ordenar e conformar a totalidade da ordem infraconstitucional.

E o mais importante. O reconhecimento da existência de normas constitucionais, mesmo que de índole principiológica, dotadas de capacidade para impor comandos deônticos, isto é, condutas, regular comportamentos, tais quais as chamadas normas-regras ordinariamente o fazem.

Voltando ao possível encaixe do novel CPC no processo do trabalho, acredita-se que tal assunto merece ser apresentado, de maneira bem singela, começando por intermédio da seguinte indagação: essas alterações possuem amparo em princípios constitucionais, tais como o da efetividade (art. 5º, XXXV da CF/1988) e da duração razoável do processo (art. 5º, LXXVIII, da CF/1988), motivo pela qual poderiam refletir em qualquer microssistema infraconstitucional, inclusive no processo laboral, considerando-se a ciência jurídica um verdadeiro sistema? Tal indagação não parece de difícil resposta!

A premissa anterior conecta-se com a chamada leitura moderna, porque também constitucional, da técnica da leitura sistemática da subsidiariedade do processo do trabalho, que admite a incidência do processo civil no processo laboral, desde que em conformidade com os vetores constitucionais citados anteriormente, quais sejam, efetividade e duração razoável do processo[1].O NCPC traz novos e importantes elementos

---

(1) Começamos tal estudo na obra COSTA, Marcelo Freire Sampaio. *Reflexos da reforma do CPC no processo do trabalho*. Princípio da subsidiariedade — leitura constitucional (conforme e sistemática). 2. ed. Rio de Janeiro: Forense. 2013.

que corroboram esse necessário diálogo, consoante será apresentado ao longo desse trabalho.

O presente estudo, após firmar considerações relativas à técnica da subsidiariedade no processo do trabalho, apresentar aspectos da teoria geral da tutela executiva, busca alcançar a necessária compatibilidade da sistemática da execução provisória do processo civil, após enfrentar longa série de reformas legislativas — culminando com a edição do NCPC, com o processo do trabalho. Ressalta-se a limitação quanto às demandas de índole eminentemente individuais. A tutela coletiva, tão importante no cenário processual atual, inclusive no sítio do procedimento executivo, não integrou os limites desse estudo.

Aliás, no tema enfrentado na presente obra há apenas e tão somente um único regramento legal no processo do trabalho (art. 899 da CLT) disciplinando tal questão.

A dogmática positivista clássica que pensava o direito como se fosse similar às ciências exatas, despido de qualquer elemento subjetivo que o dirigisse à busca da justiça, sendo suficiente apenas e tão somente a aplicação da técnica da subsunção (fato incidente sobre a norma posta) há muito tempo restou superado.

O reconhecimento dos princípios como espécie do gênero norma e não apenas como mera técnica integrativa subsidiária (onde não houvesse a norma a regular o caso concreto incidiriam os princípios), tal como disposto no art. 4º da Lei de Introdução às Normas do Direito Brasileiro[2], mostra forte indício de que tal modelo ancilar há de ser proscrito.

A presente obra caminha nesse sentido, defendendo posições, que podem ser consideradas heterodoxas, inclusive em alguns momentos criticando posições jurisprudenciais consolidadas, espera poder contribuir, de alguma maneira, com a evolução do processo laboral acadêmica e, quiçá, legislativa; e que tal evolução traga algum benefício à incessante busca da efetividade na entrega da tutela jurisdicional.

A edição do novel CPC trouxe pelo menos quatro "premissas fortes"[3], que serão desenvolvidas no próximo capítulo do presente estudo, aptas a auxiliarem na mudança do pensamento retrógrado do Tribunal Superior do Trabalho quanto ao acolhimento, no processo laboral, com adaptações, das mudanças havidas no modelo executivo processual civil, agora com fundamento no diploma processual de vigência recente.

---

(2) "Quando a lei for omissa, o juiz decidirá o caso de acordo com a analogia, os costumes e os princípios gerais do direito".

(3) Expressão retirada de THEODORO JUNIOR, Humberto; NUNES, Dierle; BAHIA, Alexandre Melo Franco; PEDRON, Flávio Quinaud. *Novo CPC*. Fundamentos e sistematização. 2. ed. Rio de Janeiro: Forense, ?ano?. p. 19.

Capítulo 2

Premissas Fortes que Justificam a Aplicação do Cumprimento Provisório do Novo CPC na Execução Laboral

2.1. À guisa de introito

A edição do novo Código de Processo Civil certamente exigirá que a jurisprudência firmada no Tribunal Superior do Trabalho afastando a aplicação da sistemática da execução provisória da anterior codificação processual civil seja revista.

Rememorando. Sobre esse tema a jurisprudência do Tribunal Superior do Trabalho, por intermédio da SBDI-1, assim decidiu:

> EMBARGOS — ART. 475-O DO CPC — LEVANTAMENTO DO DEPÓSITO RECURSAL — INAPLICABILIDADE AO PROCESSO DO TRABALHO. O procedimento tratado pelo art. 475-O do CPC possui disciplina própria na lei processual trabalhista — art. 899 da CLT —, que limita a execução provisória à penhora. Assim, não há falar, na espécie, em aplicação supletiva da norma processual comum. Precedentes das 2ª, 3ª, 4ª, 5ª, 7ª e 8ª Turmas do TST. Embargos conhecidos e providos[4].

Portanto, esse precedente do TST mostra-se bastante claro em relação ao rechaço da aplicação do anterior modelo de execução provisória prevista no art. 475-O do anterior CPC no processo do trabalho, pela singela razão da previsão disposta na última frase do art. 899 da CLT que limita a execução provisória laboral até a penhora.

E a primeira edição do presente estudo já defendia o diálogo e a aplicação, com adequações, do modelo de execução satisfativa do anterior CPC ao processo do trabalho.

O desafio dessa nova edição, além de ratificar os fundamentos apresentados anteriormente, ainda pertinentes, será construir também novos argumentos decorrentes da vigência do recente CPC quanto à aplicação também do sistema de cumprimento provisório ou execução provisória (tais expressões serão utilizadas como sinônimas ao longo do presente estudo) assentado nessa nova codificação.

---

(4) Tribunal Superior do Trabalho. Subseção I Especializada em Dissídios Individuais. Processo: E-ED-RR - 34500-47.2007.5.03.0064. Rel. Min. Maria Cristina Irigoyen Peduzzi. DEJT 1º.7.2011.

Esses novos argumentos serão inicialmente justificados por "premissas fortes"[5], ou "ideias-força"[6], todas extraídas dos doze primeiros artigos da Parte Geral do novo Código de Processo Civil, cuja pretensão inquestionável é assentar bases para a edificação de um sistema processual unitário, ou pelo menos de institutos comuns a todos os ramos do processo, tudo isso amalgamado nos direitos fundamentais.

Aliás, o Título Único, do Capítulo Primeiro, da Parte Geral do NCPC, foi chamado de "DAS NORMAS FUNDAMENTAIS E DA APLICAÇÃO DAS NORMAS PROCESSUAIS". Portanto, essa nomenclatura deixa antever a busca de um verdadeiro sistema unitário de princípios constitucionais a ramos processuais além do processo civil.

Antes de apresentar a premissa, talvez a mais importante delas (a leitura sistemática do princípio da subsidiariedade do NCPC no processo do trabalho e o novo art. 15 da legislação processual), apta a carrear fortes argumentos voltados à mudança do estado atual da jurisprudência do TST, vale começar pela estruturação do citado primeiro livro e capítulo do Código de Processo Civil, de inquestionável aplicação no processo laboral, conforme será defendido a seguir.

2.2. Primeira premissa forte. Constitucionalização do processo do trabalho

O avanço nos estudos de processualistas, principalmente civis, de institutos pertinentes a esse ramo à luz dos princípios constitucionais, acabou por moldar o chamado *modelo (principiológico) constitucional de processo*.

Tal comportamento, em poucas tintas, significa a importância de ser adotado como ponto de partida[7], na interpretação e aplicação[8] da legislação infraconstitucional, o regramento principiológico fundamental, insculpido na Lei Maior de 1988, de incidência imediata.

Nesse caminho, há valores albergados no texto constitucional que dizem respeito ao sistema processual (princípio do contraditório, ampla defesa, regramento do uso processual das provas ditas ilícitas e duração razoável do processo, este mais bem desenvolvido posteriormente), compondo a já conhecida expressão "tutela constitucional do processo", de cujos parâmetros a lei infraconstitucional não poderá afastar-se, e muito menos a jurisdição poderá relegar ao oblívio.

---

(5) Nomenclatura retirada de THEODORO JUNIOR, Humberto; NUNES, Dierle; BAHIA, Alexandre Melo Franco; PEDRON, Flávio Quinaud. *Op. cit.*, p.19. 2015.

(6) Consoante qualificado em trabalho anterior. Cf. COSTA, Marcelo Freire Sampaio. *Execução provisória satisfativa nas ações coletivas trabalhistas*. São Paulo: LTr. 2012.

(7) "No princípio repousa a essência de uma ordem, seus parâmetros fundamentais e direcionadores do sistema normativo". In: ROCHA, Carmem Lúcia Antunes. *Princípios constitucionais da administração pública*. Belo Horizonte: Del Rey, 1994. p. 21.

(8) "Interpretação e aplicação não se realizam autonomamente. O intérprete discerne o sentido do texto a partir e em virtude de um determinado caso". In: GRAU, Eros Roberto. *Ensaio e discurso sobre a interpretação/aplicação do direito*. 2. ed. São Paulo: Malheiros, 2003. p. 84.

Essa construção foi reconhecida logo no primeiro dispositivo legal do atual Código de Processo Civil, nos seguintes termos:

> O processo civil será ordenado, disciplinado e interpretado conforme os valores e as normas fundamentais estabelecidos na Constituição da República Federativa do Brasil, observando as disposições deste Código.

Esse dispositivo acabou por consagrar tal modelo constitucional de processo, cujo ponto de partida era o Texto Maior, na própria codificação processual ordinária.

Além disso, foi mais longe com a pretensão de construir, como o próprio Título Único aponta, sistema de normas fundamentais aplicado à ciência processual, promovendo um verdadeiro encontro da teoria processual com a teoria dos direitos fundamentais[9].

O único equívoco do dispositivo transcrito anteriormente foi restringir o início do texto apenas ao "processo civil", negando o próprio título desse capítulo nominado como "DAS NORMAS FUNDAMENTAIS E DA APLICAÇÃO DAS NORMAS PROCESSUAIS.

Ora, a ideia que ressai da nomenclatura citada seria justamente irradiar nos ramos da ciência processual a aplicação de "normas fundamentais".

Portanto, restringir o início do art.1º ao "processo civil" mostra-se um equívoco, pelos argumentos apresentados, e um contrassenso considerando a abrangência pretendida pelo título do capítulo.

De forma mais abrangente, quanto ao Título e a totalidade do capítulo em análise, pode-se afirmar que acabam, na verdade, por consagrar antigo ideário da chamada Teoria Geral do Processo, isto é, integrar institutos, troncos[10] principiológicos e garantias comuns, com a pretensão de almejar a unidade sistemática[11] e, principalmente, ao permitir livre trânsito de ideias entre os diversos ramos do direito processual, "propiciar uma fonte permanente de atualização dos diferentes segmentos processuais"[12].

O dispositivo transcrito anteriormente, e também todo o capítulo primeiro aqui em análise, trouxe pelo menos duas consequências imediatas e diretas ao processo do trabalho.

---

(9) Encontro que vinha defendido, há muitos anos, por muitos, dentre eles GUERRA, Marcelo Lima. *Direitos fundamentais e a proteção do credor na execução civil*. São Paulo: Revista dos Tribunais, 2003. p. 99.

(10) "À teoria geral do processo não passam despercebidas as diferenças existentes entre os diversos ramos, que são independentes a partir do ponto de inserção no tronco comum. Mas a seiva que vem do tronco é uma só; é o poder a alimentar todos os ramos. Embora cada um deles tome a sua direção, nunca deixará de ser um ramo da árvore do processo. Nem pode afastar-se tanto que dê a impressão de isolar-se do sistema. Assim, há uma unidade nos grandes princípios, no entendimento das garantias constitucionais do processo, na estrutura e interação funcional dos institutos fundamentais, sem que com isso exijam soluções igualadas em todos os setores". DINAMARCO, Cândido Rangel. *A instrumentalidade do processo*. 5. ed. São Paulo: Malheiros, 1996. p. 73-74.

(11) Acerca do tema, vide: CANARIS, Claus Wilhelm. *Pensamento sistemático e conceito de sistema na ciência jurídica*. 3. ed. Lisboa: Fundação Calouste Gulbenkian, 2002.

(12) CASTELO, Jorge Pinheiro. *O direito processual do trabalho na moderna teoria geral do processo*. 2. ed. São Paulo: LTr, 1996. p. 18.

A primeira foi a positivação das garantias processuais constitucionais no próprio texto da lei ordinária, ou seja, o reconhecimento do legislador daquele modelo constitucional de processo, antes apenas uma construção da doutrina e jurisprudência.

A segunda, e a mais importante para o processo do trabalho, foi a real integração do processo do trabalho nesse modelo integrado de teoria geral do processo por intermédio do disposto no art. 15, a ser desenvolvido ao longo do presente capítulo.

Além do reconhecimento legislativo do modelo constitucional, também pode se extrair desse mesmo dispositivo a ratificação daquilo já afirmado há muito na doutrina e jurisprudência a respeito das diferenças entre normas-regras e princípios, conforme será defendido no próximo item.

2.3. Segunda premissa forte. Distinção entre normas-regras e normas-princípios

Para chegar a essa distinção moderna, reconhecida pela legislação processual, registre-se a anterior superação do paradigma do positivismo jurídico clássico[13] surgido juntamente com o Estado Liberal no séc. XIX, cuja pretensão era, de forma bastante sumária, a criação de uma fictícia ciência pura[14], avalorativa[15] e deliberadamente concentrada em fenômenos puramente legais do direito, com a consequente exclusão de qualquer sorte de ponderações de cunho axiológico na interpretação/aplicação de hipóteses legais à solução dos conflitos sociais, além da enfática negação da força normativa dos princípios.

Quanto à distinção entre princípios e regras, o positivismo adota o critério da generalidade[16], ou seja, as regras conteriam em sua moldura relatos mais claros e

---

(13) Luís Roberto Barroso aponta as seguintes características essenciais do positivismo jurídico: "i) aproximação quase plena entre direito e norma; ii) a afirmação da estatalidade do Direito: a ordem jurídica é una e emanada do Estado; iii) a completude do ordenamento jurídico, que contém conceitos e instrumentos suficientes e adequados para solução de qualquer caso, inexistindo lacunas; iv) o formalismo: a validade da norma decorre do procedimento seguido para a sua criação, independendo do conteúdo. Também aqui se insere o dogma da subsunção (a aplicação do direito consistiria em um processo lógico-dedutivo de submissão à lei — premissa maior — da relação de fato — premissa menor —, produzindo uma conclusão natural e óbvia, meramente declarada pelo intérprete, que não desempenharia qualquer papel criativo), herdado do formalismo alemão". BARROSO, Luís Roberto. Fundamentos teóricos e filosóficos do novo direito constitucional brasileiro (pós-modernidade, teoria crítica e pós-positivismo). In: _____ (Org.). A nova interpretação constitucional: a ponderação, direitos fundamentais e relações privadas. 3. ed. Rio de Janeiro: Renovar, 2008. p. 25.

(14) Hans Kelsen assim assentou: "Quando a si própria se designa como pura teoria do direito, isto significa que ela propõe garantir um conhecimento apenas dirigido ao Direito e excluir deste conhecimento tudo quanto não pertença ao seu objeto, tudo quanto não se possa, rigorosamente, determinar como direito. Quer isto dizer que ela pretende libertar a ciência jurídica de todos os elementos que lhe são estranhos. Esse é o princípio metodológico fundamental". In: KELSEN, Hans. Teoria pura do direito. Trad. de João Batista Machado. 7. ed. São Paulo: Martins Fontes, 2006. p. 1.

(15) Cf. BOBBIO, Norberto. O positivismo jurídico: lições de filosofia do direito. Trad. de Márcio Pugliesi. São Paulo: Ícone, 1995.

(16) ESSER, Josef. Principio y norma en la elaboración jurisprudencial del derecho privado. Barcelona: Bosch, 1961. p. 66.

objetivos; já os princípios teriam carga de subjetividade e abertura bem mais elevada na moldura normativa, não regulando direta e objetivamente uma situação determinada. Estes, por sua vez, entrariam nos códigos como fonte normativa subsidiária da inteireza dos textos legais[17], tal qual disposto no art. 4º da "Lei de Introdução às normas do Direito Brasileiro", isto é, são reconhecidos como modelos imperativos apenas na ausência da chamada norma-regra.

O chamado pós-positivismo[18] ou paradigma não positivista deitou por terra, além de outras posições do modelo positivista[19], como a mecânica subsuntiva, a concepção dos princípios como fonte de integração subsidiária do direito instrumentalizados somente na ausência da norma.

Nesse novel modelo, os princípios possuem hegemonia axiológica e normativa e se posicionam como verdadeiros vetores de imposição (de fazer ou não fazer — deônticos) e, principalmente, conformadores da ordem infraconstitucional. O jurista não deve restringir-se a revelar as palavras da lei, mas projetar uma imagem, corrigindo-a e adequando-a aos direitos fundamentais.

Também é decorrência do pós-positivismo o reconhecimento da abertura do sistema jurídico, como um modelo inacabado, complexo e até mesmo instável de normas-princípios, normas-regras e valores[20], a depender do permanente labor construtivo do intérprete.

Esse modelo trifurcado de valores, normas-princípios e normas-regras, restou parcialmente reconhecido pelo art. 1º do CPC quando afirma que o processo (todo e qualquer processo, não apenas o processo civil) será "ordenado, disciplinado e interpretado conforme valores e normas fundamentais". Estas devem ser subdivididas em normas-regras e normas-princípios.

A distinção entre as modalidades normativas (normas-regras e normas-princípios) é bem realizada por Humberto Ávila, que a chama de "proposta heurística"; merece transcrição literal:

> A proposta aqui defendida pode ser qualificada como heurística. Como já examinado, as normas são construídas pelo intérprete a partir dos dispositivos e do seu significado usual. Essa qualificação normativa depende de conexões axiológicas que não estão incorporadas ao texto nem a ele pertencem,

---

(17) ESPÍNDOLA, Ruy Samuel. Conceito de princípios constitucionais. 2. ed. São Paulo: Revista dos Tribunais, 2002. p. 63.

(18) Cf. conceito em BARROSO, Luís Roberto. *Fundamentos teóricos e filosóficos do novo direito constitucional brasileiro* (pós-modernidade, teoria crítica e pós-positivismo), cit., p. 27.

(19) Cf. críticas em DWORKIN, Ronald. *A justiça de toga.* Trad. Jefferson Luiz Camargo. São Paulo: Martins Fontes, 2010.

(20) Para Claus Wilhelm Canaris, "o princípio está já em um grau de concretização maior que o valor". In: CANARIS, Claus Wilhelm. *Pensamento sistemático e conceito de sistema na ciência do direito.* 3. ed. Lisboa: Fundação Calouste Gulbenkian, 2002. p. 86.

mas são, antes, construídas pelo próprio intérprete. Por isso a distinção entre regras e princípios deixa de se constituir em uma distinção quer como valor empírico, sustentado pelo próprio objeto da interpretação, quer como valor conclusivo, não permitindo antecipar por completo a significação normativa e seu modo de obtenção. Em vez disso, ela se transforma numa distinção que privilegia o valor heurístico, na medida em que funciona como modelo ou hipótese provisória de trabalho, para uma posterior reconstrução de conteúdos normativos, sem, no entanto, assegurar qualquer procedimento estritamente dedutivo de fundamentação ou de decisão a respeito desses conteúdos[21].

Portanto, o novo Código de Processo Civil reconheceu expressamente o que a doutrina vinha elaborando, de há muito, inspirado em autores estrangeiros de nomeada (como Ronald Dworking e Robert Alexy), bem como constitucionalistas nacionais importantes (Luis Roberto Barroso e Paulo Bonavides, entre tantos outros), acerca da força impositiva das normas principiológicas, malgrado as naturais distinções destas em relação às normas-regras, afastando a velha concepção daquelas serem consideradas como apenas instrumentos de apoio ao intérprete e ao legislador.

E o art. 8º do NCPC (Ao aplicar o ordenamento jurídico, o juiz atenderá aos fins sociais e às exigências do bem comum, resguardando e promovendo a dignidade da pessoa humana e observando a proporcionalidade, a razoabilidade, a legalidade, a publicidade e a eficiência) acabou por amalgamar esse necessário diálogo das fontes dos diferentes sistemas jurídicos, bem como reconheceu a importância das normas principiológicas, tendo no frontispício a dignidade da pessoa humana (trecho da lei diz "resguardando e promovendo a dignidade..."), como norte hermenêutico à interpretação e aplicação das normas processuais pela jurisdição[22].

2.4. Terceira premissa forte. Satisfação do julgado em prazo razoável, incluindo atividade satisfativa

Dispõe o art. 4º do NCPC o seguinte:

"As partes têm direito de obter em prazo razoável a solução integral do mérito, incluída a atividade satisfativa."

O dispositivo transcrito do NCPC significa o reconhecimento, em legislação ordinária, do princípio constitucional da duração razoável do processo[23], conhecida

---

(21) ÁVILA, Humberto. *Segurança jurídica:* entre a permanência, mudança e realização no Direito Tributário. São Paulo: Malheiros, 2011. p. 68.

(22) Em sentido similar, BEZERRA LEITE, Carlos Henrique. Princípio jurídicos fundamentais do Novo Código de Processo Civil e seus reflexos no processo do trabalho. In: MIESSA, Elisson (Org.). *O novo Código de Processo Civil e seus reflexos no processo do trabalho.* Salvador: JusPodivm, 2015. p. 72.

(23) O TST já tratou de tal assunto: "Duração razoável do processo (art. 5º, LXXVIII, da Constituição Federal). Dever do magistrado. Princípios da utilidade e da celeridade dos atos processuais. O processo e o procedimento constituem instrumentos de efetivação da Justiça, a qual deve, sempre que possível,

no direito italiano como *durata regionevole del processo*⁽²⁴⁾, previsto no art. 5º, LXXVIII, que assim prescreve:

> A todos, no âmbito judicial e administrativo, são assegurados a razoável duração do processo e os meios que garantam a celeridade de sua tramitação.

Portanto, desde a CF/88, há quase três décadas, o princípio que impõe a decisão judicial em prazo razoável já se encontrava explicitamente albergado pelo ordenamento jurídico pátrio (§ 2º do art. 5º da CF/1988)[25], malgrado a doutrina pouco tenha tratado desde a incorporação no direito pátrio de seus efeitos concretos no desenrolar de demandas judiciais.

Agora o cenário avançou.

Além do reconhecimento em legislação ordinária do princípio constitucional da duração razoável do processo, houve o acréscimo da "atividade satisfativa".

Atividade satisfativa deve ser aqui entendida como cumprimento ou satisfação das decisões, que se dá usualmente em fase executiva, sendo materializada por intermédio da entrega do bem da vida ao credor.

Nessa linha, agora de forma explícita, a duração razoável do processo também deverá alcançar a atividade executiva ou satisfativa.

Trata-se, na verdade, da positivação explícita pelo legislador ordinário do que já foi afirmado pela doutrina de "*direito fundamental à tutela executiva*"[26]; explicado da seguinte maneira:

> No presente trabalho, o que se denomina direito fundamental à tutela executiva corresponde, precisamente, à peculiar manifestação do postulado da máxima coincidência possível no âmbito da tutela executiva. No que diz com a prestação de tutela executiva, a máxima coincidência traduz-se na exigência de que haja meios executivos capazes de proporcionar a satisfação integral de qualquer direito consagrado em título executivo. É a essa exigência, portanto, que se pretende individualizar no âmbito daqueles valores constitucionais englobados no *due process,* denominando-a *direito fundamental à tutela executiva* e que consiste, repita-se, na exigência de um **sistema completo de tutela executiva**, no qual existam meios executivos capazes de proporcionar pronta e integral satisfação a qualquer direito merecer de tutela executiva[27].

---

ser realizada de forma rápida e eficiente, como direito das partes e dever indeclinável do magistrado" (Proc. TST-RR-1527/2003-030-03-00.8, DJ 19.12.2006).

(24) Também prevista na Constituição italiana (art. 111).

(25) Aliás, o processo do trabalho prevê especificamente que os juízes e Tribunais do Trabalho "velarão pelo rápido andamento da causa" (art. 765 do texto consolidado).

(26) Essa expressão pertence a GUERRA, Marcelo Lima, possivelmente o primeiro processualista nacional a tratar desse assunto com grande profundidade. In: *Direitos fundamentais e a proteção do credor na execução civil, cit.*

(27) *Ibidem*, p. 102.

Portanto, como mencionado pelo autor citado, o dispositivo ordinário reconhece como direito fundamental a exigência de um sistema eficaz de tutela executiva, no qual sejam disponibilizados meios legais e razoáveis aptos a proporcionar completa satisfação de qualquer direito merecedor de tutela executiva, de maneira que o bem da vida seja entregue a quem pertence por direito, em prazo razoável, respeitando-se, por óbvio, também os direitos fundamentais do devedor.

Em outras palavras, o direito fundamental à tutela executiva significa a efetivação, pela jurisdição, da entrega do bem da vida vindicado, em prazo razoável, respeitando, também, os direitos fundamentais do devedor[28].

Por óbvio que o modelo do cumprimento ou execução provisória se encontra encartado nesse moderno sistema completo de tutela executiva, como um dos meios legais e razoáveis, respeitadas as balizas a serem construídas ao longo do presente estudo, aptos a proporcionarem a completa satisfação de qualquer direito merecer de tutela executiva.

Considerando que o dispositivo legal em apreço compõe uma sistemática que pretende espraiar regramentos por toda a ciência processual, inclusive no tronco trabalhista — por óbvio, conforme já defendido nos itens passados, esse direito fundamental à tutela executiva, do art. 4º do NCPC, deve servir como mais um argumento apto a reforçar o necessário diálogo entre o paradigma do cumprimento provisório do processo civil no processo do trabalho, considerando a óbvio tendência desse modelo satisfativo civil conseguir atingir no processo laboral o direito fundamental à tutela executiva, visando a satisfação do titular do bem da vida exigido pelo Poder Judiciário.

Portanto, inquestionável a afirmação de que o dispositivo em destaque "está em total sintonia com o processo do trabalho"[29], considerando a natural urgência satisfativa que o crédito alimentar debatido nessa seara da jurisdição exige.

Enfim, essas três premissas estão conectadas diretamente com aquela que será desenvolvida no próximo tópico, capaz de amalgamar e justificar as estudadas até aqui, senão veja-se.

2.5. Quarta premissa forte. Leitura sistemática do princípio da subsidiariedade do NCPC no processo laboral

A técnica da aplicação subsidiária do processo comum (leia-se, agora com o NCPC, processo civil, conforme será desenvolvido ao longo do presente) no processo do trabalho do Direito brasileiro é empregada também em outros países, como, por exemplo, em Portugal[30].

---

(28) Nesse sentido, de maneira bastante didática, vide SCHIAVI, Mauro. O novo Código de Processo civil e o princípio da duração razoável do processo. In: MIESSA, Elisson (Org.). *O novo Código de Processo Civil e seus reflexos no processo do trabalho*. Salvador: JusPodivm, 2015. p. 75-85.

(29) SILVA, Bruno Freire e. *O novo CPC e o processo do trabalho I: parte geral*. São Paulo: LTr, 2015. p. 28.

(30) Sobre o assunto cf. MALLET, Estêvão. O processo do trabalho e as recentes modificações do Código do Processo Civil. In: *Revista LTr*, ano 70. n. 6, p. 668, jun. 2006.

Dizem os arts. 769 e 889 da CLT o seguinte:

Art. 769. Nos casos omissos, o direito processual comum será fonte subsidiária do direito processual do trabalho, exceto naquilo em que for incompatível com as normas deste capítulo.

Art. 889. Aos trâmites e incidentes do processo da execução são aplicáveis, naquilo em que não contravierem ao presente Título, os preceitos que regem o processo dos executivos fiscais para a cobrança judicial da dívida ativa da Fazenda Pública Federal.

O NCPC trouxe um novo tempero para esse prato, cuja deglutição já não era tarefa das mais fáceis.

Diz o art. 15, *verbis:*

Na ausência de normas que regulem processos eleitorais, trabalhistas ou administrativos, as disposições deste Código lhes serão aplicadas supletiva e subsidiariamente.

O enorme desafio atual, principalmente após a edição do NCPC, é conferir construção interpretativa dessa técnica de aplicação subsidiária diferente do modelo clássico até o momento afirmado por expressiva parte da doutrina e jurisprudência laboral processual.

Há pelo menos três balizas que deverão permear o estudo interpretativo a ser desenvolvido ao longo do presente.

A primeira refere-se ao desafio do intérprete de construir trilhas interpretativas necessariamente vinculados à busca da qualidade e efetividade da tutela jurisdicional, notadamente considerando o processo interpretativo também certamente constituído de caráter construtivo[31].

A segunda diz acerca da importância do já citado chamado modelo constitucional do processo[32] no estudo, compreensão e conformação do modelo infraconstitucional dos ramos processuais, incluindo, obviamente, o laboral.

"A lei, como é sabido, perdeu seu posto de supremacia, e hoje é subordinada à Constituição"[33]. Nesse eito, todo e qualquer esforço interpretativo deverá ser realizado a luz da Constituição ou conforme a Constituição.

O processo, portanto, há de ser visualizado como verdadeiramente imerso na Teoria dos Direitos Fundamentais, tal como propõe o primeiro capítulo, do primeiro livro, do NCPC.

A terceira trata da imposição de se integrar, efetivamente, o processo do trabalho, menos evoluído no aspecto legislativo e científico, se comparado com o "primo" processo

---

(31) Sobre o caráter construtivo e não meramente interpretativo do processo interpretativo, cf. STRECK, Lenio Luiz. In: *Hermenêutica jurídica em crise*. Uma exploração hermenêutica da construção do direito. 7. ed. Porto Alegre: Livraria do Advogado, 2007. p. 93.

(32) Tal expressão parece ter sido cunhada por BUENO, Cássio Scarpinella. In: *A nova etapa da reforma do Código de Processo Civil*. v. 1. São Paulo: Saraiva, 2006. p. 4.

(33) MARINONI, Luiz Guilherme. *Teoria geral do processo*. v. 1. São Paulo: RT, 2006. p. 21.

civil (seria uma espécie de encontro do "primo rico" com o "primo pobre" — parodiando antigo quadro televisivo humorístico) aos influxos integrativos da Teoria Geral do Processo e da Teoria dos Direitos Fundamentais, congregando os campos particularizados do processo civil, laboral e penal "num só quadro e mediante uma só inserção no universo jurídico"[34].

Como já salientado em trabalho anterior[35], a técnica da subsidiariedade possui pelo menos três vieses de compreensão. O primeiro foi chamado de clássico. O segundo, mais adequado aos tempos modernos, foi chamado conforme a constituição. O terceiro acabou nominado de leitura sistemática.

Além desses três vieses, a técnica da subsidiariedade será confrontada diretamente com o NCPC, aplicação na execução laboral, e mais diretamente aproveitamento de toda essa discussão para a incidência do modelo de execução provisória do novo CPC no processo do trabalho. Vejamos.

2.5.1. Fases da subsidiariedade: i) clássica; ii) conforme a Constituição; iii) sistemática

Dividiu-se a técnica da subsidiedade (arts. 769 e 889 do texto consolidado) em três partes. A primeira, incidente tão somente nas lides individuais, sendo chamada de leitura clássica. A segunda, denominada de leitura da subsidiariedade conforme a Constituição. A terceira, uma inovação e de certa forma um reposicionamento doutrinal do já apresentado em trabalhos anteriores, conforme será defendido oportunamente, trata da que será alcunhada de leitura sistemática à técnica da subsidiariedade.

Antes de avançar no desenvolvimento proposto, vale esclarecer que a técnica da subsidiariedade dispõe acerca da possibilidade da heterointegração de dispositivos normativos estranhos ao processo do trabalho, principalmente aqueles pertencentes ao processo civil. A ideia de "processo comum" disposta no art. 769 da CLT precisará ser adequada, conforme será defendido posteriormente.

2.5.1.1. Do viés clássico do princípio da subsidiariedade no processo do trabalho

Em insuficiente interpretação literal[36] dos art. 769 e 889 do texto consolidado, estudos doutrinais vêm apontado usualmente dois elementos primordiais e necessários

---

(34) DINAMARCO, Cândido Rangel. *A instrumentalidade do processo, cit.*, p. 59.

(35) COSTA, Marcelo Freire Sampaio. Incidente de resolução de demanda repetitiva. O novo CPC e a aplicação no processo do trabalho. In: MIESSA, Elisson (Org.). *O novo Código de Processo Civil e seus reflexos no processo do trabalho*. Salvador: JusPodivm, 2015. p. 613-628.

(36) Sobre essa modalidade de interpretação, veja lição de Luis Roberto Barroso: "Em passagem deliciosamente espirituosa, o ex-Ministro Luiz Gallotti, do Supremo Tribunal Federal, ao julgar recurso ordinário naquela Corte assinalou: De todas a interpretação literal é a pior. Foi por ela que Clélia, na *Chartreuse de Parme*, de *Stendhal*, havendo feito um voto a Nossa Senhora de que não mais veria seu amante Fabrício, passou a recebê-lo na mais absoluta escuridão, supondo que assim estaria cumprindo o

à incidência supletória do processo civil no processo do trabalho: 1 – omissão da lei processual trabalhista; 2 – ausência de "incompatibilidade entre os textos do direito comum e o processo do trabalho"[37].

Nesse eito, para que aconteça a transposição de determinado regramento da norma processual civil ao processo do trabalho bastaria, simultaneamente, como primeiro passo, a falta de previsão na ritualística laboral daquela hipótese específica e, como segundo passo, a ausência de incompatibilidade do instituto que se pretende integrar em relação ao ideário laboral[38]. Portanto, concatena-se dois passos decorrentes de um "critério lógico"[39] legal.

Para os defensores dessa linha[40] clássica o importante é o preenchimento, ou não, daqueles dois requisitos citados anteriormente. Basta isso. A aplicação mecânica por mera subsunção legal.

2.5.1.2. Leitura conforme a Constituição à técnica da subsidiariedade

Há pelo menos três justificativas, já citadas, à defesa dessa posição.

A primeira diz acerca do desafio imposto ao intérprete de construir balizamentos interpretativos necessariamente vinculados à busca da efetividade da tutela jurisdicional, rechaçando, por consequência, a simplicidade dos modelos prontos decorrentes de raciocínios aprioristicos, tão comuns ao pensamento positivista.

A segunda refere-se à importância da compreensão do processo a partir do regramento principiológico inscrito na Lei Maior, isto é, todo e qualquer esforço interpretativo

---

compromisso" (citado de memória, sem acesso ao texto do acórdão, que, aparentemente, não foi publicado)". In: BARROSO, Luis Roberto. *Interpretação e aplicação da Constituição:* fundamentos de uma dogmática constitucional transformadora. 2. ed. São Paulo: Saraiva, 1998. p. 120.

(37) *Vide*, dentre outros, NASCIMENTO, Amauri Mascaro. *Curso de direito processual do trabalho*. 16. ed. São Paulo: Saraiva, 1996. p. 53; TEIXEIRA FILHO, Manoel Antonio. As novas leis alterantes do processo civil e sua repercussão no processo do trabalho. *Revista LTr*, São Paulo, ano 70, n. 3, p. 274, mar. 2006.

(38) Veja seguinte excerto: "A aplicação da norma processual civil no processo do trabalho só é admissível se houve omissão da CLT. Ademais, ainda que ocorra, caso a caso é preciso verificar se aplicação do dispositivo do processo civil não gera incompatibilidade com os princípios e nem as peculiaridades do processo do trabalho. Se assim ocorrer, há de se proceder a aplicação do Instituto do processo comum, adaptando-o à realidade. Tal circunstância implica critérios nem sempre uniformes entre os vários juízos, ensejando discussões e divergências até certo ponto inevitáveis". In: MANUS, Pedro Paulo Teixeira; ROMAR, Carla Teresa Martins. *CLT e legislação complementar em vigor*. 6. ed. São Paulo: Malheiros, 2006. p. 219.

(39) MARTINS, Sérgio Pinto. Omissão da CLT e a aplicação subsidiária de outros diplomas legais. *Revista do TRT da 2ª Região*, São Paulo, n. 6, p. 88, 2010.

(40) Dentre tantos, temos ALMEIDA, Isis de. *Curso de direito processual do trabalho*. 1. ed. São Paulo: Sugestões Literárias, 1981. p. 6; OLIVEIRA, Francisco Antônio de. Execução na Justiça do Trabalho: doutrina, jurisprudência, súmulas e orientações jurisprudenciais. 6. ed. São Paulo: Revista dos Tribunais, 2007. p. 30; PINTO, José Augusto Rodrigues. A polêmica trabalhista em torno da Lei n. 11.232/2005 — fase de cumprimento das sentenças no processo de conhecimento. *Revista LTr*, São Paulo, ano 71, n. 11, p. 1.296, nov. 2007

deverá ser realizado à luz da Constituição; é o que a doutrina vem qualificando de modelo constitucional do processo[41].

A terceira trata da imposição de integrar, efetivamente, o processo do trabalho com a teoria geral do processo e a teoria dos direitos fundamentais.

Integração do processo laboral com o direito constitucional se chama de compatibilidade vertical. Em relação à harmonização desse ramo especializado com os demais troncos processuais infraconstitucionais, aqui se qualifica de compatibilidade horizontal.

O reconhecimento desse citado modelo principiológico constitucional de processo, ou seja, a percepção do processo consoante o Texto Maior, impõe a necessidade de atribuir ao disposto no art. 769 e 889 da CLT técnica de interpretação conforme a Constituição[42], isto é, em consonância com os princípios constitucionais, notadamente o da razoável duração do processo, inclusive no tocante a atividade satisfativa (art. 4º do NCPC) e da eficácia da tutela jurisdicional ou acesso à jurisdição (art. 5º, inc. XXXV, da CF/88).

A técnica da leitura conforme encontra previsão legal expressa no parágrafo único do art. 28 da Lei n. 9.868/1999[43]. Confere a qualquer magistrado a possibilidade de "deixar de declarar a lei inconstitucional e realizar a única interpretação conforme a Constituição"[44].

Em outras palavras, o magistrado, na sua rotina jurisdicional, poderá (deverá[45]) averiguar a compatibilidade da lei frente à Constituição, deixando de aplicá-la em caso de inconstitucionalidade ou realizando-a (conformando-a) por intermédio de interpretação à luz do texto constitucional.

Essa vertente moderna, cada vez mais consolidada, acaba por abraçar uma posição de interpretação conformadora, tal qual o calor molda o metal, do Texto Constitucional. É o paradigma de interpretação classificado como técnica de leitura vertical, pois confronta, conforma e amálgama as disposições infraconstitucionais com a Carta Constitucional.

---

(41) Como já registrado, expressão cunhada por Cassio Scarpinella Bueno.

(42) Sobre essa técnica, vide com vagar e bastante proveito, em BARROSO, Luís Roberto. *Interpretação e aplicação da Constituição:* fundamentos de uma dogmática constitucional transformadora, cit., p. 175.

(43) "A declaração de constitucionalidade ou de inconstitucionalidade, inclusive a interpretação conforme a Constituição e a declaração parcial de inconstitucionalidade sem redução de texto, tem eficácia contra todos e efeito vinculante em relação aos órgãos do Poder Judiciário e à Administração Pública federal, estadual ou municipal".

(44) MARINONI, Luiz Guilherme. *Teoria geral do processo*, cit., 59.

(45) "Segue-se que tais poderes são instrumentais: servientes do dever de bem cumprir a finalidade a que estão indissoluvelmente atrelados. Logo, aquele que desempenha função tem, na realidade, deveres--poderes. Não poderes simplesmente. Nem mesmo satisfaz configurá-los como "poderes-deveres", nomenclatura divulgada a partir de Santi Romano". In: BANDEIRA DE MELLO, Celso Antônio. *Curso de direito administrativo*. 21. ed. São Paulo: Malheiros, 2006. p. 95.

Há vários exemplos de aplicação da técnica de interpretação conforme (e conformadora) a Constituição na rotina jurisprudencial do Tribunal Superior do Trabalho. Um relevante está disposto na Súmula n. 425, assim ementada:

> JUS POSTULANDI NA JUSTIÇA DO TRABALHO. ALCANCE. O *jus postulandi* das partes, estabelecido no art. 791 da CLT, limita-se às Varas do Trabalho e aos Tribunais Regionais do Trabalho, não alcançando a ação rescisória, a ação cautelar, o mandado de segurança e os recursos de competência do Tribunal Superior do Trabalho.

Esse precedente mostra que a prerrogativa do *jus postulandi* na Justiça do Trabalho, isto é, a possibilidade de as partes poderem praticar pessoalmente, desacompanhadas de advogados, os atos processuais relativos à pretensão ou à defesa, foi nitidamente limitada (conformada) ao primeiro e segundo grau de jurisdição, além de serem nomeados outros atos específicos que não podem ser praticados diretamente pelos litigantes perante o Tribunal Superior do Trabalho.

De outra banda o art. 791 da CLT não parece firmar tal limitação. Pelo contrário. Afirma que as partes "poderão reclamar pessoalmente perante a Justiça do Trabalho e acompanhar as suas reclamações até o final", portanto, alcançando inclusive a jurisdição extraordinária do Tribunal Superior do Trabalho, pessoalmente, e sem a necessidade acompanhamento técnico.

Esse dispositivo celetista citado consagrou o chamado *jus postulandi* na Justiça do Trabalho, isto é, a possibilidade de as partes "reclamarem" na Justiça do Trabalho desacompanhadas de advogados "até o final".

Contudo, em razão do disposto no art. 133 da Carta Constitucional de 1988, em que fica assentado ser o advogado "indispensável à administração da justiça", o Tribunal Superior do Trabalho, em nítida aplicação da técnica da interpretação conforme a Constituição, acabou por limitar, acertadamente — diga-se de passagem, a conformação originária do art. 791 da CLT, dispensando a presença do advogado apenas em primeiro e segundo graus de jurisdição, nos termos do texto sumular já citado.

Assim, a leitura insulada e a interpretação literal dos pressupostos (omissão e compatibilidade) da técnica da subsidiariedade, vinculadas a um paradigma positivista que não se impõe mais correto nessa quadra evolutiva da ciência processual, nunca alcançariam a posição sumular citada, considerando a expressa possibilidade de as partes acompanharem a demanda trabalhista até o "final" na jurisdição laboral.

A regra apta a conduzir a possível aplicação do processo civil no processo laboral cinge-se à incidência das disposições legais daquele neste, não apenas quando houver omissão, no sentido de falta de enunciado normativo do texto celetista apto a reger determinada matéria, mas sempre que a resposta do processo civil, se comparada com a do texto celetista, mostrar-se mais eficaz ao resultado da tutela jurisdicional laboral buscada.

Portanto, o requisito da omissão escrito nos já citados arts. 769 e 889 da CLT deixa de ser visualizado como mera carência de dispositivo legal (lacuna normativa) apto a reger dada situação, para se transmudar em "algo mais sutil e grandioso: em omissão principiológica, em "deficiência procedimental"[46], em ausência, enfim, de efetividade ao consumidor final da jurisdição.

Nesse eito, a omissão deixa de ser vista como deficiência de enunciado normativo e passa a ser encarada como falta de eficácia social do dispositivo originário celetista vigente, caso confrontado com o regramento processual civil pretendido para heterointegração, o que acaba por justificar, principiologicamente, a aplicação deste em detrimento daquele. O "critério lógico" citado no item anterior mostra-se, por consequência, insuficiente e superado.

Dessa feita, o citado modelo constitucional de processo impõe a necessidade de conferir ao disposto noa arta. 769 e 889 da CLT a técnica de interpretação conforme a Constituição, isto é, em consonância com os princípios constitucionais processuais, notadamente aqueles prevendo a duração razoável do processo, inclusive quanto à atividade satisfativa, e a eficácia da tutela jurisdicional.

Repita-se. A leitura insulada e a interpretação literal dos pressupostos (omissão e compatibilidade) da técnica da subsidiariedade não se impõem mais como corretas nesta quadra da evolução da processualística, nem muito menos podem, à custa de se manter a autonomia do processo laboral e a vigência de suas normas, "sacrificar o acesso do trabalhador à Justiça do Trabalho, bem como o célere recebimento de seu crédito alimentar"[47].

Aliás, há corrente doutrinal engrossando cada vez mais tal posição[48]. A jurisprudência do Tribunal Superior do Trabalho, por sua vez, não vem acompanhando com tanto vigor esse movimento[49].

Como salientado antes, esse paradigma de interpretação conforme a Constituição foi classificado como técnica de leitura vertical, pois confronta e principalmente conforma as disposições infraconstitucionais com a Carta Constitucional.

Visando conferir amplitude maior à posição ora apresentada, o próximo item tratará da ora nominada leitura sistemática da subsidiariedade, apta a abranger, consoante se pretende demonstrar, uma compreensão e conexão também horizontal entre os ramos infraconstitucionais.

---

(46) BARBOSA, Andrea Carla. A nova execução trabalhista de sentença. São Paulo: LTr, 2010. p. 27.

(47) SCHIAVI, Mauro. *Manual de direito processual do trabalho*. De acordo com o novo CPC. 9 .ed. São Paulo: LTr, 2015. p. 121.

(48) Dentre tantos *vide* BEZERRA LEITE, Carlos Henrique. *Curso de direito processual do trabalho*. 6. ed. São Paulo: LTr, 2008; FAVA, Marcos Neves. *Ação civil pública trabalhista*. São Paulo: LTr, 2005.

(49) Por exemplo, em dois precedentes da c. SDI.1 (E-RR 38300-47.2005.5.01.0052 e E-RR 1568700-64.2006.5.09.00), ambos relatados pelo ministro Aloysio Correa da Veiga, com maioria apertada, foi afastada a incidência da multa do art. 475-J do CPC no processo do trabalho. Extrato de julgamento lido no sítio virtual do Tribunal Superior do Trabalho. Disponível em: <http://www.tst.gov.br/>. Acesso em: 18 jan. 2014.

2.5.1.3. Da necessária leitura sistemática

Considera-se a técnica de leitura sistemática à aplicação subsidiária uma evolução em relação à proposta apresentada no item anterior (leitura conforme), inobstante ambas possuírem a mesma visada, isto é, "a manutenção da ausência de contradição no interior do sistema"[50], bem como a tentativa de ser buscado maior diálogo entre os ramos da ciência jurídica.

Tem-se, contudo, que a técnica sistemática é mais ampla em relação à interpretação conforme a Constituição, pois esta técnica nada mais é "do que uma das facetas"[51] daquela.

A interpretação conforme conduz ao confronto do(s) texto(s) normativo(s) pretendido(s) ao caso concreto com o Texto Maior, numa relação nitidamente de prevalência hierárquica da Constituição sobre a legislação infraconstitucional. Seria uma operação de avaliação vertical de dispositivos dotados de hierarquia normativa distinta — normas constitucionais confrontadas com as infraconstitucionais.

A técnica da interpretação sistemática, por outro lado, como descrito anteriormente, tem perspectiva mais ampla. Além de albergar a operação vertical citada no parágrafo anterior, pretende ser também medida horizontal de ponderação de dispositivos hierarquicamente idênticos, porque para a resolução de um dado caso concreto, reclama a exegese da totalidade dos princípios, regras e valores[52] componentes da ordem jurídica. O direito "não pode ser interpretado em tiras, aos pedaços"[53]. É a somatória da técnica vertical e horizontal.

Em outros termos, a leitura sistemática obriga o intérprete, ao buscar a resolução de dada contenda, a debruçar-se sobre a totalidade do direito, hierarquizando topicamente (sobre o caso concreto) as modalidades normativas citadas anteriormente, em busca da melhor interpretação, e, principalmente, considerando a abertura, incompletude e mobilidade desse sistema. O movimento interpretativo, repita-se, para ser completo, deverá ser concomitantemente vertical e horizontal.

Nesse eito, além do cotejo do caso concreto com textos infraconstitucionais a serem lidos em conformidade com o Texto Maior (leitura vertical), a técnica sistemática propõe outro cotejo a ser posto em prática também com toda a ordem jurídica infraconstitucional (leitura horizontal).

As premissas da leitura sistemática (abertura, incompletude e mobilidade) conferem substancial suporte teórico ao intérprete para a realização dessa operação mais ampla, visando alcançar "um diálogo maior"[54] entre os ramos processuais.

---

(50) FREITAS, Juarez. *A interpretação sistemática do direito*. 5. ed. São Paulo: Malheiros, 2010. p. 82.

(51) *Idem*.

(52) Aliás, a primeira premissa forte já desenvolvida ratifica essa posição.

(53) GRAU, Eros Roberto. *Ensaio e discurso sobre a interpretação/aplicação do direito*. 2. ed. São Paulo: Malheiros, 2003. p. 122.

(54) Nessa mesma linha veja-se esclarecedor trecho doutrinal: "Além disso, atualmente, a moderna doutrina vem defendendo um **diálogo maior** entre o Processo do Trabalho e o Processo Civil, a fim de buscar,

Portanto, a premissa da busca da efetividade é idêntica na leitura conforme e na técnica sistemática, contudo, como dito, esta técnica possui proposta de maior abrangência (maior visada) em relação àquela.

Enfim, a técnica da subsidiariedade deverá ser visualizada como um instrumento de compatibilização dos novos institutos do CPC, com a realização conjunta das técnicas citadas, visando a concretização dos direitos fundamentais sociais.

O NCPC servirá como instrumento de realização social e efetividade da jurisdição laboral. E assim deverá ser interpretado. E não o contrário.

Veja-se trecho de doutrina que corrobora o afirmado até aqui:

> Assim, interpretar o novo Código de Processo Civil e sua compatibilização com o Processo do Trabalho passa, necessariamente, pela aferição da aptidão dos institutos do novo CPC para concretizar os direitos fundamentais sociais, com destaque para os direitos previstos nos arts. 7º a 9º da Constituição. Mais do que compatibilizar-se com a disciplina celetista infraconstitucional, que efetivamente molda uma estrutura própria e peculiar para o processo do trabalho, o desafio do novo CPC, para alcançar a dimensão dos litígios trabalhistas, é se adaptar ao bem jurídico singularíssimo que é tutelado pelo processo trabalhista: o trabalho humano e sua dimensão inerente de assegurador de dignidade ao ser humano que trabalha (*sic*)[55].

Os argumentos até agora apresentados certamente servirão para melhor compreender as posições que serão retratadas nos próximos itens desse capítulo.

2.5.2. A subsidiariedade e o NCPC

Vale novamente transcrever o art. 15 do NCPC:

> Na ausência de normas que regulem processos penais, eleitorais, administrativos ou trabalhistas, as disposições deste Código lhes serão aplicadas supletivamente.

Esse dispositivo abre outra perspectiva de integração dessa nova legislação processual civil, e as sensíveis e substanciais mudanças nele dispostas, inclusive em relação à tentativa de adequação do sistema de cumprimento provisório do NCPC no processo do trabalho.

Veja-se que a redação desse dispositivo permite a (hetero)integração no processo do trabalho das alterações desse novo Código de Processo Civil vindicando apenas ausência de regulação similar no processo laboral.

---

por meio de interpretação sistemática e teleológica, os benefícios obtidos na legislação processual civil e aplicá-los ao Processo do Trabalho. Não pode o Juiz do Trabalho fechar os olhos para normas de Direito Processual Civil mais efetivas que a CLT, e se omitir sob o argumento de que a legislação processual do trabalho não é omissa, pois estão em jogo interesses muito maiores ...". SCHIAVI, Mauro. *Manual de direito processual do trabalho*. De acordo com o novo CPC, *cit.*, p. 100, grifo nosso.

(55) DELGADO, Gabriela Neves; DUTRA, Renata Queiroz. A aplicação das convenções processuais do novo CPC ao processo do trabalho na perspectiva dos direitos fundamentais. In: MIESSA, Elisson (Org.). *O novo Código de Processo Civil e seus reflexos no processo do trabalho*. Salvador: JusPodivm, 2015. p. 190.

Assim, a única exigência necessária à transposição de algum novel instituto ou regramento do processo civil ao processo do trabalho seria a ausência de regulamentação similar neste.

Logo, a questão da compatibilidade, tal como disposta na leitura clássica da subsidiariedade no processo do processo do trabalho — como segundo passo posterior a verificação de ausência de similar regramento, não deveria ser objeto de ponderação, porque a única exigência atual seria a omissão.

Óbvio que não é bem assim. O mecanismo da heterointegração, por si só, já exige adequação principiológica daquele instituto que vem de outra realidade processual ao ramo que será integrado, sob pena de violência ao sistema que está sendo completado.

A leitura isolada do art. 15 significaria o reconhecimento, a *priori*, da compatibilidade de todo o processo civil com o processo do trabalho. Mas não é essa a melhor interpretação.

Esse novel dispositivo legal deve ser compreendido, acima de tudo, como mais uma porta que facilita o maior diálogo entre os ramos processuais em questão.

Assim, a compreensão sistemática dos dispositivos legais em apreço provoca e chancela, certamente, "maior diálogo" entre os ramos legislativos do direito processual, pelo consequente reconhecimento da correção da proposta de leitura sistemática (vertical e horizontal) apresentada, pois o requisito da "compatibilidade", em sua versão clássica, mostra-se superado, a passa a ser compreendido como compatibilidade principiológica, deixando de ser óbice a esse maior trânsito entre institutos dos ramos da ciência processual.

Voltando especificamente à questão da omissão, como já mencionado anteriormente, deverá ser compreendida como falta de dispositivo legal com a mesma eficácia social no processo do trabalho em comparação ao regramento do processo civil que se pretende integrar naquele.

Foram dois mecanismos previstos no final do dispositivo legal em apreço. A citada ausência significando a aplicação subsidiária visando ao preenchimento de verdadeira lacuna. E o mecanismo supletivo buscando a "complementação normativa"[56].

A diferença entre supletividade e subsidiariedade não é nada sutil. Enquanto nesta se está diante de uma lacuna (ausência) absoluta, na integração supletória há necessidade de complementar regra já existente, porque insuficiente para resolver adequadamente situações postas, "aperfeiçoando e propiciando maior efetividade e justiça ao processo do trabalho"[57].

---

(56) MEIRELES, Edilton. O novo CPC e sua aplicação supletiva e subsidiária no processo do trabalho. In: MIESSA, Elisson (Org.). *O novo Código de Processo Civil e seus reflexos no processo do trabalho*. Salvador: JusPodivm, 2015. p.39.

(57) SCHIAVI, Mauro. A aplicação supletiva e subsidiária do Código de Processo Civil ao Processo do Trabalho. In: MIESSA, Elisson (Org.). *O novo Código de Processo Civil e seus reflexos no processo do trabalho*. Salvador: JusPodivm, 2015. p.55.

Há doutrina afirmando com acerto que aplicação supletória é "categoria intermediária entre a verdadeira lacuna — a omissão que justifica a aplicação subsidiária — e o silêncio eloquente — a situação que exclui o processo comum"[58].

Supletivo não significa exclusivo, mas adjetivo que se refere a necessidade de algo ser complementado, enriquecido, agregado. Compatível, portanto, com a necessidade complementar e atualizar as estruturas procedimentos laborais às novas exigências sociais de efetividade e duração razoável do processo.

Como exemplo, dentre tantos, quanto à aplicação subsidiária (leia-se ausência) do NCPC no processo do trabalho, pode-se afirmar a necessária integração do bem construído instituto da tutela provisória (arts. 294-311) do processo civil no laboral em razão da total ausência neste de disposições similares.

Quanto à aplicação supletória, os exemplos também são muitos. Por ora cita-se a clássica incompletude do disposto no art. 884 da CLT quanto às hipóteses de cabimento dos embargos à execução, que sempre exigiram a complementação do processo civil, e continuarão também a exigir quanto ao novo diploma processual, pois o regramento também no novel diploma processual em relação a este tema se mostra mais completo e eficaz.

Para finalizar esse assunto, diz a doutrina sobre a supletividade do NCPC:

"Sendo o NCPC supletivo em relação ao direito processual do trabalho, sua atuação não é mero coadjuvante na regulação das questões procedimentais, mas sim de verdadeiro provedor de uma consistência dogmática inexistente na CLT. O caráter supletivo da estrutura processual civil visa a conferir coerência sistêmica ao conjunto normativo de regulação do processo do trabalho que não é capaz de satisfazer integralmente as demandas contemporâneas dos conflitos trabalhistas."[59]

A incompletude do modelo de cumprimento provisório do processo do trabalho e a necessária integração supletória por intermédio do NCPC será objeto de item próprio.

Outra questão merece ser pontuada.

2.5.3. Há revogação do art. 769 da CLT pelo NCPC

Afinal, o art. 15 do NCPC revogou o art. 769 da CLT?

Há corrente que defende a revogação do art. 769 da CLT pelo art. 15 do NCPC considerando ser esta regra posterior e incompatível com o anterior dispositivo celetista[60].

---

(58) LAURINO, Salvador Franco de Lima. O art. 15 do novo processo civil e os limites da autonomia do processo do trabalho. In: DIDIER JR., Fredie (Org. geral). *Processo do trabalho*. Coleção Repercussões do novo CPC. v. 4. Salvador: JusPodivm, 2015. p.126.

(59) CORDEIRO, Wolney de Macedo. Multa do art. 523 do novo CPC (antigo art. 475-J). In: MIESSA, Élisson (Org.). *O novo Código de Processo Civil e seus reflexos no processo do Trabalho*. 2. ed. Salvador: JusPodivm, 2016. p. 805.

(60) MEIRELES, Edilton. *O novo CPC e sua aplicação supletiva e subsidiária no processo do trabalho, cit.*, p. 44.

Já outra, que parece ser a mais coerente, afirma a ausência de revogação, considerando a total possibilidade de harmonização desses dispositivos, porque ambos devem respeitar a "principiologia e singularidade do processo do trabalho"[61].

Certamente a adoção da leitura sistemática da técnica da subsidiariedade exige a compatibilização desses dispositivos porque ambos trilham o mesmo caminho voltando ao preenchimento de lacunas (subsidiariedade) e integração (supletória) do processo do trabalho pelo processo civil.

Óbvio que será preciso aplicar a interpretação conforme a Constituição ao art. 769 da CLT, no tocante aos trechos "direito processual comum", que deverá ser lido a partir de agora como direito processual civil, tendo em conta a redação do art. 15 do NCPC, bem como quanto à "fonte subsidiária" que merecerá ser complementada também por "supletiva".

Claro que esses dois aspectos, envolvendo uma nova leitura conforme a Constituição da técnica da subsidiariedade do processo civil no processo do trabalho, abrirá novos limites interpretativos à ciência processual do trabalho, inclusive no tocante ao modelo de cumprimento provisório do processo laboral a ser desenvolvido no presente.

Por fim, corroborando o defendido ao longo desse item, não se pode deixar de pontuar que a técnica da subsidiariedade, na época da edição da CLT, nos moldes clássicos apresentados, lograva atender ao escopo idealizado pelo legislador, isto é, servia como eficiente mecanismo de proteção contra os excessos formalistas do anterior Código de Processo Civil de 1939. Esse cenário mudou por completo.

As reformas da processualística civil, culminando com a edição do NCPC, vem atropelando a práxis do processo do trabalho, daí porque, ou se cruzam comodamente os braços aguardando possível evolução legislativa do processo laboral[62], ou se busca proceder a uma leitura sistemática desses sistemas processuais, em um verdadeiro e responsável diálogo de fontes, de sorte a utilizar esse novo sistema processual como um instrumento à efetivação dos direitos fundamentais laborais na seara da jurisdição laboral especializada.

Finalmente. O art. 15 do NCPC deve ser visualizado, pela seara laboral, com um instrumento de maior aproximação desses ramos processuais, cujo objetivo será aprimorar a efetividade do processo do trabalho, em consonância com os direitos fundamentais sociais e com os vetores principiológicos dessa vertente processual especializada.

2.5.4. Subsidiariedade na execução laboral, NCPC e a revogação do art. 889 da CLT

Quanto à técnica da subsidiariedade e a execução laboral, há outros aspectos que merecem análise em separado. É o que se pretende realizar neste espaço.

---

(61) SCHIAVI, Mauro. *A aplicação supletiva e subsidiária do Código de Processo Civil ao Processo do Trabalho*, cit., p. 56.

(62) A outra discussão, que ultrapassa as lindes do presente, seria a adequação da edição de um novel Código de Processo do Trabalho. Não é a solução para todos os males. A compreensão sistemática da ciência jurídica certamente ajuda a suprir tal suposta necessidade.

Pois bem. Vale novamente transcrever o disposto no art. 889 da CLT, *verbis*:

> Art. 889. Aos trâmites e incidentes do processo da execução são aplicáveis, naquilo em que não contravierem ao presente Título, os preceitos que regem o processo dos executivos fiscais para a cobrança judicial da dívida ativa da Fazenda Pública Federal.

Portanto, existe uma regra sobre a aplicação da técnica da subsidiariedade especificamente ao cumprimento executivo no processo laboral.

E essa técnica dispõe que a lei de regência das execuções para cobrança de dívidas da Fazenda Pública (Lei n. 6.830/1980) integrará, por subsidiariedade, o sistema das execuções laborais.

A pretensão óbvia do legislador ao conceber essa regra específica de subsidiariedade foi afastar a sistemática do cumprimento executivo do processo civil nas lides laborais.

Portanto, parece que o primeiro desafio será avaliar a compatibilidade ou não desse regramento específico com o art. 15 do NCPC.

Parte da doutrina afirma que o art. 889 da CLT não foi revogado pelo novel art. 15 do NCPC, por se tratar de "norma mais especial em relação à regra de subsidiariedade[63] da execução".

Assim, no tocante à fase de cumprimento ou executiva laboral, a fonte subsidiária principal continuaria sendo a lei de regência dos executivos fiscais, ficando o NCPC como verdadeira fonte subsidiária secundária, a ser aplicada após o exaurimento da heterointegração por intermédio da citada fonte primária. Essa não parece ser a posição mais correta.

Ainda antes da edição do NCPC, a Lei n. 6.830/80 vinha perdendo força e sendo deixada de ser considerada, pela doutrina e jurisprudência, como a fonte subsidiária primária das execuções laborais, pelo fato de regrar especificamente execuções de títulos extrajudiciais conduzidas pela Fazenda Pública[64].

As execuções extrajudiciais certamente também ocorrem na jurisdição laboral, como, por exemplo, os termos de ajustes de conduta firmados com o Ministério Público do Trabalho e descumpridos pelos subscritores, porém representam ínfima minoria das execuções que geralmente provêm de títulos executivos judiciais, daí a insuficiência de se utilizar a citada lei dos executivos fiscais como fonte subsidiária primária às execuções laborais.

E essa distância das execuções laborais em relação à lei dos executivos fiscais em apreço tende a aumentar em razão da redação disposta no art. 15 do NCPC, que acabou por criar regra de subsidiariedade geral, portanto, aplicada também às execuções laborais.

Nesse eito, considerando que a redação do art. 889 da CLT entra em rota direta de colisão com o art. 15 do NCPC, deve-se considerar revogado esse diploma celetista,

---

(63) MEIRELES, Edilton. *O novo CPC e sua aplicação supletiva e subsidiária no processo do trabalho*, cit., p. 99.

(64) No mesmo sentido, SCHIAVI, Mauro. *Manual de direito processual do trabalho*. De acordo com o novo CPC, *cit.*, p. 1025.

não podendo nem mesmo receber interpretação conforme a Constituição ou compatibilidade sistemática.

Assim, o NCPC deve ser considerado como fonte subsidiária primária da execução laboral, fato, que, diga-se de passagem, já vinha acontecendo há muito tempo, tanto pela doutrina, como pela jurisprudência.

Isto significa que, considerando o modelo executivo laboral nitidamente incompleto, conforme será melhor desenvolvido no próximo capítulo, e tendo em vista a técnica a subsidiariedade sistemática, além da possibilidade de integração supletiva, o intérprete e o aplicador do direito, deverá adicionar e adequar o regime de execução laboral, com os olhos voltados à complementação supletória pela efetividade, tendo como parâmetro a subsidiariedade primária por intermédio do NCPC.

2.5.4. Subsidiariedade, novo CPC e o modelo satisfativo do cumprimento provisório do processo civil no processo do trabalho

O raciocínio utilizado no parágrafo do item anterior cabe perfeitamente ao arremedo de modelo executivo provisório da CLT.

Conforme será defendido com mais profundidade nos próximos capítulos, a execução provisória laboral ficou restrita a uma frase da última parte do art. 899 da CLT ("... permitida a execução provisória até a penhora").

Portanto, mais do que necessária a leitura sistemática da subsidiariedade pela heterointegração, literalmente encharcadas pelas ideias da teoria geral do processo, modelo constitucional de processo, aproximação com os direitos fundamentais, além da necessária complementação supletiva com o NCPC, considerando que tal diploma deverá ser compreendido como o mecanismo de integração originária da execução provisória laboral.

Não se pode mais nessa quadra da história, agora culminada com a edição do NCPC, manter o estado de acomodação acadêmica e jurisprudencial relativo ao afastamento da pífia execução provisória laboral em relação ao modelo satisfativo moderno disposto no NCPC.

Capítulo 3

Teoria Geral da Fase Executiva

Os próximos capítulos servirão para o desenvolvimento do objeto principal do presente trabalho, o modelo de execução ou cumprimento provisório no processo do trabalho que se aproxime e se adeque às mudanças propostas na Lei n. 13.105/2015, o Novo Código de Processo Civil.

Tendo em conta que se adotará o paradigma do novo diploma processual civil, conforme será defendido em ocasião oportuna, vão ser apresentadas justificativas doutrinárias sobre a proposta de encaixe desse modelo com a sistemática pretendida à execução ou cumprimento (expressões ainda serão usadas como sinônimas) provisório satisfativo no processo individual do trabalho.

O passo inicial será firmar as balizas conceituais da chamada tutela executiva, seguido de breve panorama histórico envolvendo principalmente as alterações legais desse assunto no processo civil, efetuando, posteriormente, o devido encaixe no processo do trabalho.

Mais à frente, serão desenvolvidas as chamadas técnicas de execução direta e indireta, além de como deve acontecer o devido encaixe do instituto disposto no parágrafo único do art. 523 do NCPC (antigo e famoso art. 475-J) nessas técnicas.

Ainda. Será desenvolvido o princípio da menor onerosidade ao executado na ambiência do processo do trabalho.

Por fim, a forma como o paradigma da execução provisória do processo civil será encaixada no processo individual do trabalho.

3.1. Sentença não significa tutela ao direito vindicado

A tutela executiva deve ser compreendida como mera técnica processual voltada à busca da satisfação de uma dívida pela jurisdição.

O juiz quando exara uma sentença favorável a determinada pretensão (bem da vida vindicado) não significa a realização da tutela do direito, principalmente em razão de sentenças insuficientes ou incapazes de satisfazer o "desejo de tutela do autor"[65].

Em outras palavras, há situações em que a sentença (condenatória, por exemplo) necessita ser concretizada para que o autor seja satisfeito, por intermédio de concurso de vontade do demandado, ou de terceiros, ou da própria jurisdição.

---

(65) MARINONI, Luiz Guilherme; ARENHART, Sérgio Cruz; MITIDIERO, Daniel. *Curso de processo civil*. Tutela de direitos mediante procedimento comum. vol. 2. São Paulo: RT, 2015. p. 665.

Nestes casos a decisão não é autossuficiente e depende de técnica executiva para ser implementada no mundo real.

Esse cenário retrata a distinção que merece ser feita entre a sentença como mera técnica processual e a verdadeira satisfação do direito[66]. Se não existisse tal diferença, não haveriam sentenças que precisariam de outra técnica processual, a execução, ou o atual cumprimento, para serem realizadas no mundo dos fatos.

Por outro lado, há determinadas formas de tutela, como a declaratória e a constitutiva, que são plenamente suficientes para a realização do direito pretendido, sendo suficiente a simples prolação da decisão. Estas são autossuficientes porque não reclamam de técnica executiva posterior.

Portanto, sentença, acórdão e decisão interlocutória acolhedora de pretensões condenatórias, são meras técnicas processuais. Não confirmam a suposição de que, por si só, seriam capazes de realizarem as tutelas jurisdicionais nelas encartadas.

Tanto é assim que exigem a complementação de outra técnica processual, a execução, de índole definitiva ou provisória, para alcançarem a satisfação do objeto buscado na via jurisdicional.

Acreditar nesses provimentos decisórios como algo além de uma mera folha de papel, preenchida por letras e números e sem nenhum viso de efetividade, é estar ainda imbuído de uma "visão romântica ou distorcida da tutela jurisdicional"[67].

É lição dos clássicos que a sentença condenatória tem a capacidade de declarar o direito existente e fazer aplicar a "sanção ao caso adequado"[68]. Esta significa a abertura da oportunidade à deflagração da fase executiva. "É uma simples verdade que a condenação prepara a execução"[69].

No processo civil brasileiro atual, com plena incidência no processo do trabalho, consoante será defendido mais à frente, já está bem sedimentada a concepção de sentença como mera técnica processual limitada à declaração da existência de lesão ou ameaça de direito, longe, portanto, de exaurir a tutela jurisdicional realizada.

3.2. A tutela jurisdicional executiva. Posicionamento do tema

Inicialmente deve-se conceituar tutela jurisdicional[70] executiva como a efetivação coativa, no plano dos fatos, "do resultado previsto no ordenamento jurídico"[71], não atendido espontaneamente por parte do sujeito obrigado.

---

(66) Distinção bem apresentada por MARINONI, Luiz Guilherme; ARENHART, Sérgio Cruz. *Curso de processo civil: execução, cit.*, v. 3, p. 23.

(67) *Ibidem*, p. 31.

(68) LIEBMAN, Enrico Tullio. *Processo de execução*. São Paulo: Saraiva, 1968. p. 16.

(69) LIEBMAN, Enrico Tullio. *Processo de execução, cit.*, p. 16.

(70) Expressão utilizada tanto para designar procedimentos destinados a alcançar determinado resultado, quanto para qualificar o próprio "resultado da atividade desenvolvida pelos órgãos judiciários em favor daquele que está amparado pelo direito material". MEDINA, José Miguel Garcia. *Execução civil*. Princípios fundamentais. São Paulo: RT, 2002. p. 49.

(71) ZAVASCKY, Teori Albino. *Processo de execução*. Parte geral. 3. ed. São Paulo: RT, 2004. p. 29.

A execução forçada, ao contrário da fase de conhecimento em que se busca ainda a formulação sobre a incidência ou não da norma abstrata, aproximando o juízo dos fatos e preparando-o para julgar a causa[72], tem por finalidade a satisfação concreta, no plano dos fatos, do direito de uma das partes, em razão da ausência de colaboração do vencido.

Trata-se não mais de declarar, "mas de 'efetivar' o direito declarado"[73], seja em título (sentença, acórdão e decisão interlocutória) judicial (provisório ou definitivo) ou extrajudicial. Isto significa satisfação coativa da pretensão reconhecida pela exequente.

Visualizando a tutela jurisdicional executiva como resultado, na execução forçada tal ocorrerá, normalmente, "com a entrega do bem (corporificado em pecúnia ou obrigação específica) devido ao credor"[74].

Portanto a distinção está no "endereçamento teleológico"[75] de cada um deles. A cognição converge sua força para alcançar uma decisão final de acertamento; enquanto a execução parte desse acertamento para lograr satisfazer a pretensão jurisdicional vitoriosa no plano dos fatos[76].

Para atingir o principal referencial teórico do presente estudo, necessário apresentar alguns aspectos relativos ao desenvolvimento da tutela executiva ao longo da história do processo civil até alcançar o modelo hodierno, firmando-se o devido encaixe na sistemática laboral.

Antes, necessário ressaltar a mudança de postura da doutrina e, principalmente, do legislador, em relação à tutela executiva. Neste caso, basta salientar as alterações decorrentes das Leis ns. 11.232/2005 e 11.382/2006, certamente consolidadas pelo NCPC.

Quanto aos estudos doutrinários, a execução deixou de ocupar posto tradicionalmente secundário[77] na ciência processual, se comparada ao processo de conhecimento e o decorrente mito da cognição[78].

Esse mito da superioridade da cognição retrata significativo desvelo de esforços acadêmicos, legislativos, e até orçamentários, no desenvolvimento da fase de cognição, em detrimento do módulo executivo, como se este, à semelhança do período medieval[79],

---

(72) DINAMARCO, Cândido Rangel. *A instrumentalidade do processo, cit.*, p. 90.

(73) ABELHA, Marcelo. *Manual de execução civil.* 2. ed. São Paulo: Forense Universitária, 2007. p. 6.

(74) MEDINA, José Miguel Garcia. *Op. cit.*, p. 50.

(75) Expressão de DINAMARCO, Cândido Rangel. *Execução civil.* 6. ed. São Paulo: Malheiros, 1998. p. 114.

(76) No mesmo sentido vide GUERRA, Marcelo Lima. *Direitos fundamentais e a proteção do credor na execução civil.* São Paulo: RT, 2003. p. 30.

(77) DINAMARCO, Cândido Rangel. *Execução civil, cit.*, p. 21. Cf., também: DINAMARCO, Cândido. *A instrumentalidade do processo, cit.*, p. 67.

(78) CHAVES, Luciano Athayde. O Processo de execução trabalhista e o desafio da efetividade processual. In: *Revista LTr*, São Paulo. v. 65, n. 12, dez. 2002.

(79) Nesse mesmo sentido, vide SILVA, Ovídio Batista da. *Curso de processo civil:* execução obrigacional, execução real, ações mandamentais. v. 2, 3. ed. São Paulo: RT, 1998. p. 20.

não fosse considerado verdadeira atividade jurisdicional, e, também, como se fosse possível falar de acesso à Justiça e celeridade da entrega da prestação jurisdicional ignorando-o.

Essa concepção parece que agora faz parte da história, principalmente considerando a edição do novo CPC, que certamente preocupou-se com a consolidação de um sistema de execução ou cumprimento de decisões bastante avançado.

No processo do trabalho infelizmente o mito da execução simplificada ainda vige. Basta ver o parco regramento no texto consolidado, em menos de vinte artigos (arts. 876 até 892).

E por conta justamente desse mito, a fase executiva laboral ainda é um dos maiores problemas enfrentados pela Justiça do Trabalho.

3.3. Perfil histórico da tutela executiva. Da barbárie até o sincretismo

Ao longo da história, desde as regras desumanas do processo civil romano clássico em que eram permitidas, por intermédio da *manus injectio*, as maiores atrocidades[80] físicas, morais e patrimoniais ao devedor, até os dias atuais, o panorama alterou-se completamente, principalmente levando-se em consideração que a execução, por intermédio de um "processo lento e gradativo"[81], deixou de ser corporal e se tornou patrimonial (princípio da realidade da execução ou da patrimonialidade), a partir da Lex Poetelia (por volta do sec. V), quando o devedor passou a responder com seus bens, presentes e futuros, pela dívida contraída.

Após essa fase, considerando a construção da perfeita (e radical) distinção teleológica entre o processo formal[82] de conhecimento e processo de execução conforme o projeto original do edifício processual civilista de 1973, inclusive dispostos em livros distintos, que vinculava via de regra o cumprimento de uma sentença condenatória a um processo de execução, este variando apenas em razão da "específica modalidade de obrigação nele contida"[83], tal separação começou a sofrer sucessivos abalos.

Vale citar que, ainda antes das alterações legais a serem historiadas no presente, essa autonomia já apresentava exceções, v. g., a admissão de "postulações diretas de tutela executiva"[84] nas ações de execução fundadas em título executivo extrajudicial,

---

(80) DINAMARCO, Cândido Rangel. *Execução civil, cit.*, p. 31.

(81) BARROS, Alice Monteiro de. Execução de títulos extrajudiciais. In: DALLEGRAVE NETO, José Affonso; FREITAS, Ney José (Coords.). *Execução trabalhista*. Estudos em homenagem ao Ministro João Oreste Dalazen. São Paulo: LTr, 2002. p. 20.

(82) "A existência de um processo em particular está associada a certos fatores puramente formais, como, por exemplo, a existência de uma petição inicial e de uma citação da parte passiva". GUERRA, Marcelo Lima. *Op. cit.*, p. 31.

(83) BUENO, Cassio Scarpinella. *A nova etapa da reforma do Código de Processo Civil*. v. 1. São Paulo: Saraiva, 2007. p. 280.

(84) ZAVASCKI, Teori Albino. Processo de execução. Parte geral. 3. ed. In: *Coleção Estudos de Direito de Processo*. v. 42. São Paulo: RT, 2004. p. 33.

as chamadas ações executivas lato sensu e mandamentais (classificação quinária das sentenças[85]), "relacionadas a procedimentos especiais como as ações possessórias e o mandado de segurança"[86]. Nestes procedimentos há a possibilidade de concomitância de medidas de cognição e execução na mesma relação processual, configurando, de há muito, o já tão propagandeado sincretismo[87] processual.

A Lei n. 8.952/1994 generalizou a possibilidade da antecipação da tutela, concessão de medidas de cunho antecipatório-satisfativo-executivo no interior do processo de conhecimento.

Trouxe profundas consequências, "não apenas no campo cautelar, mas também no de conhecimento e execução"[88], talvez primordialmente em relação a este último, considerando a generalização de medidas de viés satisfativo, do próprio direito material vindicado (do bem da vida em litígio) no seio da fase cognitiva.

Veio, posteriormente, a Lei n. 10.444/2002, ruindo ainda mais a estrutura processual originária, complementando as mudanças iniciadas pela Lei n. 8.952/1993, isto é, a adoção em regra do modelo do processo sincrético, portanto, "generalizando-se a dispensa de ação de execução"[89] de sentença aparelhada de obrigações de fazer, não fazer e entregar coisa (arts. 461 e 461-A do antigo CPC).

Nesse eito, após a edição dos diplomas legais citados, generalizou-se a adoção do chamado processo sincrético à efetivação de tutelas das obrigações de fazer, não fazer e entregar coisa, ou seja, a "execução dessas sentenças prescindia da instauração de um novo processo: dava-se uma fase do procedimento posterior à certificação do direito, denominada fase executiva"[90].

O processo executivo autônomo, assim como concebido originalmente, seria admitido, naquele momento, apenas em relação às execuções por quantia certa, de rito especial do Livro II do antigo CPC (*v. g.*, execução contra a Fazenda Pública e alimentícia) e aquelas consagradas em títulos executivos extrajudiciais.

Na sequência, vieram as Leis n. 11.232/2005 e 11.382/2006, esta fixando regramento sobre o processo de execução de títulos extrajudiciais e aquela a chamada fase de cumprimento das sentenças no processo de conhecimento, que acabou por derrogar o modelo anterior do originário diploma processual civil.

---

(85) Pela viabilidade dessa classificação MARINONI, Luiz Guilherme. *Técnica processual e tutela dos direitos*. São Paulo: RT, 2004. p. 125.

(86) ARAÚJO, José Henrique Mouta. *Reflexões sobre as reformas do CPC*. Salvador: JusPodivm, 2007. p. 49.

(87) Fenômeno apresentado há muito por vários doutrinadores. Cf., dentre tantos outros, DINAMARCO, Cândido Rangel. *Execução civil, cit.*, p. 133.

(88) ZAVASCKI, Teori Albino. *Antecipação da tutela*. 5. ed. São Paulo: Saraiva, 2007. p. 45.

(89) MARINONI, Luiz Guilherme. *Técnica processual e tutela dos direitos, cit.*, p. 121.

(90) DIDIER JR., Fredie; BRAGA, Paula Sarno; OLIVEIRA, Rafael. *Curso de direito processual civil*. v. 2. Salvador: JusPodivm, 2007. p. 418.

A citada fase de cumprimento disposta na Lei n. 11.232/2005 era aplicada tanto às obrigações de pagamento de quantia quanto às obrigações específicas.

Em outros termos, cumprir tornou-se gênero do qual cumprir por execução (quantia) e cumprir por efetivação (obrigações específicas) seriam espécies.

No presente estudo, as expressões "cumprir por execução", "cumprir por efetivação", "execução" e "cumprimento" serão utilizadas indistintamente, todas relacionadas à realização da tutela jurisdicional executiva do direito, exatamente como o faz parte da doutrina[91].

O novo CPC, basicamente, permanece com a mesma estrutura do CPC anterior, bastante modificado pelas já citadas leis esparsas.

Foi mantido o sistema de processo de execução autônomo para os títulos extrajudiciais e outros títulos formados fora do processo (a partir do art. 771 do NCPC).

Também não houve largas alterações no regime de cumprimento de sentença de decisão de quantia (a partir do art. 513 do NCPC), por intermédio de um processo sincrético, apenas com alterações em dispositivos pontuais[92].

Já quanto à sistemática trabalhista, há previsão de fase executiva (a partir do art. 876 da CLT), com unidade procedimental tanto para obrigações de pagar como para tutelas específicas, estampadas em títulos judiciais e extrajudiciais.

Quando se menciona a expressão "cumprir a sentença, acórdão ou decisão interlocutória", significa entabular uma modalidade aplicada tanto às obrigações de pagamento de quantia, quanto às obrigações específicas.

Acerca da abrangência da nomenclatura "cumprimento", bem como das modalidades que esta abriga, não se pode deixar de transcrever, na íntegra, ensinamento, que parece ter influenciado inclusive o atual CPC, do insuperável José Carlos Barbosa Moreira, *verbis*:

> Que se tira, imediatamente, da leitura desse texto? Que cumprimento da sentença, expressão usada na rubrica, é noção abrangente de mais de uma figura: autêntico gênero dividido em espécies... sob a denominação genérica de cumprimento por execução, supostamente limitado à hipótese de obrigação por quantia certa, e um cumprimento sem denominação própria (dividido em duas subespécies), para os casos de tutela específica[93].

---

(91) "... há execução sempre que se pretender efetivar materialmente uma sentença que imponha uma prestação (fazer, não fazer, entregar coisa ou pagar quantia), pouco importando a natureza dessa prestação". DIDIER JÚNIOR, Fredie; BRAGA, Paula Sarno; OLIVEIRA, Rafael. Curso de direito processual civil. Salvador: JusPodivm, 2007. p. 418. Nesse mesmo sentido GUERRA, Marcelo Lima. *Execução indireta, cit.*, p. 19.

(92) MARINONI, Luiz Guilherme; ARENHART, Sérgio Cruz; MITIDIERO, Daniel. *Curso de processo civil, cit.*, p. 702.

(93) BARBOSA MOREIRA, José Carlos. Cumprimento e execução de sentença: necessidade de esclarecimentos conceituais. *Revista Dialética de Direito Processual*, n. 42, p. 56-68, set. 2006.

Apesar de concordar plenamente com a distinção feita pelo mestre, adotar-se-á no presente, conforme já mencionado, para fins meramente didáticos, inclusive no tocante ao novo CPC, as expressões cumprimento e execução como se fossem sinônimas.

Repita-se em outros termos, para finalizar: cumprir é gênero do qual cumprir por execução (quantia) e cumprir por efetivação (obrigações específicas) seriam espécies; a par da possibilidade de se utilizar a mesma nomenclatura — execução — para essas hipóteses distintas[94], como, inclusive, será feito ao longo do presente trabalho.

O desafio agora é posicionar esse movimento no processo laboral.

3.4. Execução trabalhista e sincretismo no processo do trabalho

A execução trabalhista encontra-se parcamente prevista no Capítulo V da CLT, arts. 876 até 892.

O citado art. 876 do texto consolidado elenca, indistintamente, títulos judiciais e extrajudiciais, dotados de força executiva definitiva e provisória, da seguinte maneira: i) as decisões passadas em julgado ou das quais não tenha havido recurso com efeito suspensivo; ii) acordos quando não cumpridos; iii) termos de ajustes de conduta firmados perante o MPT; iv) termos de conciliação com as Comissões de Conciliação Prévias.

Além desse rol de títulos citados, parte da doutrina, de forma acertada, inobstante a ausência de previsão legal no texto celetário, porém considerando o alargamento da competência material da Justiça do Trabalho conferido pela Emenda constitucional n. 45/2004, reconhece como títulos aptos a serem executados na Justiça do Trabalho a certidão de inscrição de dívida ativa da União referentes às penalidades administrativas impostas ao empregador pelos órgãos de fiscalização do trabalho (art. 114, VII, da CLT), sentença arbitral, conciliação extrajudicial homologada judicialmente pelo juiz do trabalho, sentença penal condenatória, transitada em julgado, com repercussões pecuniárias ao empregador[95] e sentença estrangeira homologada pelo Superior Tribunal de Justiça que reconheça obrigação de índole laboral.

Execução trabalhista significa um conjunto de atos destinados à satisfação de obrigação estampada em título executivo judicial ou extrajudicial, de competência da Justiça do Trabalho, não voluntariamente satisfeita pelo devedor, e realizada contra a vontade deste.

Ao contrário do processo civil que disciplina regramento diferente à execução ou cumprimento de títulos judiciais e extrajudiciais, bem como às obrigações estampadas

---

(94) "A mistura terminológica não se justifica: há execução sempre que se pretender efetivar materialmente uma sentença que imponha uma prestação (fazer, não fazer, entregar coisa ou pagar quantia), pouco importando a natureza dessa prestação". DIDIER JÚNIOR, Fredie; BRAGA, Paula Sarno; OLIVEIRA, Rafael. *Op. cit.*, p. 418.

(95) Elenco similar é apresentado, dentre tantos, por SCHIAVI, Mauro. *Execução no processo do trabalho*. 8. ed. São Paulo: LTr, 2016. p. 234.

nesses títulos, o processo do trabalho não faz tal distinção legal. O art. 876 da CLT[96] disciplina o mesmo procedimento executivo para os títulos judiciais e extrajudiciais.

No tocante à questão do sincretismo no processo do trabalho, a par das peculiaridades de aspectos históricos e legislativos (vide o parágrafo primeiro do art. 832 da CLT[97]) desse ramo processual, que já seriam capazes de construir desde sempre seguro e inquestionável tendência à negação da autonomia do conhecimento frente à execução (basta citar o usual mecanismo manejado pela jurisdição laboral de promoção da execução de ofício), parcela da doutrina ainda não ratifica tal posição[98].

Porém, outra parte da doutrina sustentava há muito a ausência de autonomia da execução laboral[99] de título executivo judicial, sendo o processo do trabalho formado por "duas grandes fases"[100] (conhecimento e execução), e principalmente por conta da possibilidade, ainda hoje inexistente no processo civil, mesmo após a edição do NCPC, da execução de ofício pelos juízos monocráticos e tribunais do trabalho.

Data vênia, aspecto envolvendo o reconhecimento ou não desse sincretismo não parece mais se tratar de discussão relevante; ficam apenas como registro histórico. O desafio que se apresenta atual e importante é a aproximação dialógica entre os ramos processuais civil e laboral.

3.5. Da execução direta e indireta

Como salientado anteriormente, a tutela executiva intenta um resultado prático equivalente à satisfação voluntária pelo devedor do direito do credor.

Para a obtenção desse resultado prático no plano dos fatos, o ordenamento jurídico vale-se de técnicas processuais executivas distribuídas em duas modalidades: medidas subrrogatórias e coercitivas[101].

Nas medidas subrrogatórias, diante da recusa do devedor em cumprir por vontade própria uma obrigação do qual estava vinculado, a jurisdição acaba por praticar diretamente

---

(96) "As decisões passadas em julgado ou das quais não tenha havido recurso com efeito suspensivo; os acordos, quando não cumpridos; os termos de ajuste de conduta firmados perante o Ministério Público do Trabalho e os termos de conciliação firmados perante as Comissões de Conciliação Prévia serão executada pela forma estabelecida neste Capítulo".

(97) "Quando a decisão concluir pela procedência do pedido, determinará o prazo e as condições para o seu cumprimento".

(98) Vide, por exemplo, ZANGRANDO, Carlos Henrique da Silva. As inovações do processo civil e suas repercussões no processo do trabalho. *Revista LTr*, São Paulo, ano 70, n. 11, p. 1.293-1.306, nov. 2006.

(99) Cf., dentre tantos, TEIXEIRA FILHO, Manoel Antonio. *Execução no processo do trabalho*. 5. ed. São Paulo: LTr, 1995. p. 41.

(100) MANUS, Pedro Paulo Teixeira. *Execução de sentença no processo do trabalho*. 2. ed. São Paulo: Atlas, 2005. p. 19.

(101) Cf. GUERRA, Marcelo Lima. op. cit., p. 23. Barbosa Moreira denomina as "medidas coercitivas" de "sucedâneo da execução". In: BARBOSA MOREIRA, José Carlos. *O novo processo civil brasileiro*. 13. ed. Rio de Janeiro: Forense, 1992. p. 266.

aquele ato em substituição à atividade daquele devedor resistente, buscando proporcionar ao credor "resultado idêntico ou equivalente (econômica ou juridicamente)"[102] ao que deveria ser alcançado pelo cumprimento espontâneo da parte reticente. Nessa técnica não há qualquer cooperação por parte do obrigado.

Denomina-se execução direta a realização de tutela executiva por intermédio de medidas ditas subrrogatórias. O Estado age em razão da inação do devedor.

A transformação do patrimônio do devedor em pecúnia (tutela ressarcitória pelo equivalente) busca a satisfação de dívida não honrada por vontade própria pelo devedor, por meio do procedimento executivo clássico.

Esse procedimento clássico consiste no destacamento ou separação coativa de patrimônio do devedor, por intermédio de penhora, avaliação, alienação e a consequente transformação em dinheiro. É o exemplo clássico do encadeamento resumido de medidas subrrogatórias da execução direta.

Há situações, contudo, em que se torna impossível ou de "difícil viabilidade prática"[103] a substituição pelo Estado do comportamento do devedor recalcitrante. São os chamados "limites naturais ou políticos"[104] da execução.

Os limites naturais são caracterizados quando, por exemplo, está-se diante do cumprimento de obrigações ditas infungíveis ou personalíssimas, isto é, somente exequíveis pelo devedor[105] (há os exemplos clássicos como a contratação de determinado artista plástico afamado para realizar obra de arte).

Já os limites ditos políticos acontecem quando, por exemplo, os bens do devedor estão enquadrados como absolutamente impenhoráveis ou inalienáveis[106], inviabilizando a atividade substitutiva estatal de satisfação da obrigação.

Nessas duas situações o Estado não pode substituir eficazmente a vontade do devedor recalcitrante, daí a necessidade de serem manejadas medidas de pressão psicológica (coerção indireta) sobre a vontade daquele para o cumprimento direto da obrigação inadimplida, o que se convencionou chamar de execução indireta.

Podem ser destacadas pelo menos três características de medidas coercitivas de execução indireta[107].

A primeira delas é a natureza jurisdicional, pois classificada como uma modalidade de técnica executiva.

---

(102) GUERRA, Marcelo Lima. *Execução indireta, cit.*, p. 25.

(103) *Ibidem*, p. 27.

(104) Expressão de DINAMARCO, Cândido Rangel. *Execução civil, cit.*, p. 297.

(105) Diz o art. 247 do Código Civil: "Incorre na obrigação de indenizar perdas e danos o devedor que recusar a prestação a ele só imposta, <u>ou só por ele exequível</u>" (grifo não consta no texto original).

(106) Cujo rol encontra-se inscrito no art. 832 do Novo Código de Processo Civil.

(107) Características similares são destacadas por GUERRA, Marcelo Lima. *Execução indireta, cit.*, p. 36.

A segunda diz acerca da ausência de finalidade ressarcitória, inclusive podendo, *in thesi*, até ser cumulada com pleito reparatório de danos decorrentes de inadimplemento.

A terceira, e derradeira, trata da ausência de fulcro punitivo nessas medidas. Veja-se que até na coerção de índole penal decorrente da ausência de pagamento de prestação alimentar o cumprimento da ordem de prisão será imediatamente suspenso após a satisfação do valor devido (§ 6º, art. 528 do NCPC). A privação da liberdade está jungida ao cumprimento da obrigação e não a uma sanção penal clássica com duração predeterminada pelos tipos penais.

No direito estrangeiro essas medidas de pressão psicológica para induzir ao cumprimento pelo devedor de comportamento recalcitrante são historicamente aplicadas.

Basta lembrar o chamado *contempt power* (*contempt of court*[108]) da jurisdição, de tradição jurídica da *common Law*.

Trata-se do poder que o juiz da jurisdição civil "tem em punir um litigante (ou um terceiro participante da relação jurisdicional) que viola uma ordem judicial de obrigação de fazer ou não fazer"[109] e entregar coisa diversa de dinheiro, podendo alcançar até a prisão civil.

Essa medida é utilizada em um vasto leque de propósitos, até mesmo para penitenciar testemunhas e peritos nomeados. Pode ser considerada um dos "traços mais marcantes"[110] da execução forçada nesse modelo.

Vale registrar, considerando os reflexos havidos na legislação brasileira, que a execução indireta é realizada no direito francês pela medida coercitiva chamada astreinte[111].

A astreinte surgiu pelas mãos da criação jurisprudencial, decorrente dos exageros cometidos pelo liberalismo no tocante a excessiva proteção à liberdade física do devedor, em razão da inexistência de medidas coercitivas aptas a impor o cumprimento de obrigações específicas.

Se o devedor não deveria ter sua liberdade restringida, também não poderia ser obrigado a fazer algo que não o desejasse espontaneamente, daí a criação de mecanismo para atuar sobre essa vontade recalcitrante.

As astreintes são "medidas coercitivas, de caráter patrimonial, consistente numa condenação em uma quantia determinada por cada dia (ou outra unidade de tempo) de atraso do devedor em cumprir obrigação"[112] específica, estampada em decisão judicial (sentença, acórdão ou decisão interlocutória) ou título executivo extrajudicial, com o

---

(108) Na doutrina pátria Marcelo Lima Guerra apresenta amplo panorama, desse instituto. *Execução indireta*, cit., p. 73-108.

(109) *Ibidem*, p. 88.

(110) *Ibidem*, p. 71.

(111) *Ibidem*, p. 108.

(112) GUERRA, Marcelo Lima. *Execução indireta, cit.*, p. 108.

fito de exercer real pressão psicológica para induzir o obrigado ao cumprimento desse comportamento específico.

Nos títulos extrajudiciais têm-se, por exemplo, as astreintes fixadas em termos de compromisso de ajustamento de conduta com o Ministério Público do Trabalho (art. 876 da CLT), em que o subscritor assume a obrigação de praticar determinado comportamento (seja obrigação de pagar, fazer, não fazer ou entregar coisa diversa que dinheiro), sob pena de de execução de medida coercitiva arbitrada nesse instrumento.

No sistema pátrio essa pressão psicológica dá-se ordinariamente por intermédio da imposição dessas medidas coercitivas civis (astreintes) destinados ao cumprimento de obrigações de fazer, não fazer e entregar coisa diversa que dinheiro.

Nestes casos essas astreintes são "vocacionadas a constranger o réu a cumprir a decisão"[113], fixadas em consonância com as circunstâncias do caso concreto e segundo a capacidade econômica do demandado, pois serve como instrumento para viabilizar a realização da decisão judicial (sentenças, acórdãos e decisões interlocutórias), em cumprimento provisório ou definitivo, em títulos executivos judiciais ou extrajudiciais, contendo obrigações específicas, modelo esse plenamente aplicável ao processo do trabalho.

Também se reconhece a incidência de outra medida de pressão psicológica, distinta da astreinte antes citada, destinada ao devedor para cumprimento de obrigações de pagar. Trata-se da multa do § 1º do art. 523 do NCPC (antigo e famoso art. 475-J do anterior CPC), a ser trabalhada brevemente.

3.5.1. De uma possível mudança de cenário por intermédio do art. 139, IV do NCPC

A distinção clássica apontada no item anterior em relação ao cumprimento de tutela específica (prestações de fazer, não fazer e entregar coisa) por intermédio da já explicada execução indireta, enquanto as tutelas de pecúnia estariam sujeitas a clássica atividade sub-rogatória estatal, ou execução direta, restou um tanto enfraquecida com a vigência do art. 139, IV do NCPC.

Para a realização de tutela específica existe uma estrutura bastante avançada, com a possibilidade inclusive de efetivação de ofício das decisões de quantia que impõe um fazer, não fazer e entregar coisa, gerando um verdadeiro "sistema aberto para tutela desses interesses"[114].

Já em relação às condenações envolvendo prestações pecuniárias, o sistema o NCPC (art. 513 e ss.) continuou, tal qual no anterior diploma, em uma linha mais arcaica e fechada, inclusive exigindo o requerimento do interessado para efetivação dessa modalidade de tutela (§ 1º do art. 513).

---

(113) MARINONI, Luiz Guilherme; ARENHART, Sérgio Cruz. *Curso de processo civil:* execução, cit., p. 238.

(114) MARINONI, Luiz Guilherme; ARENHART, Sérgio Cruz; MITIDIERO, Daniel. *Curso de processo civil.* vol. 2, cit., p. 702.

Contudo, há um singular preceito que pode mudar completamente esse cenário.

Diz a cabeça e o inc. IV do art. 139, do NCPC o seguinte:

O juiz dirigirá o processo conforme as disposições deste Código, incumbindo-lhe:

(omissis)

IV – determinar todas as medidas indutivas, coercitivas, mandamentais ou sub-rogatórias necessárias para assegurar o cumprimento de ordem judicial, inclusive nas ações que tenham por objeto prestação pecuniária;

Tal dispositivo, possivelmente inserido inadvertidamente dentre os poderes do juiz, poderá ter a capacidade, se bem compreendido, de autorizar uma "releitura completa do sistema"[115], principalmente em relação ao cumprimento de obrigações de pagar.

Com efeito, conquanto tenha sido fixado no NCPC um sistema típico, fechado e que ainda exige provocação expressa do interessado para a efetivação das condenações em quantia, tal rigidez poderá ser amenizada pelo dispositivo legal em destaque.

Assim, poderão ser adicionados novos mecanismos, ainda que não requeridos pelo interessado, além da clássica sub-rogação estatal, à realização das condenações pecuniárias, como, por exemplo, medidas indutivas, coercitivas ou mandamentais, isto é, técnicas de execução indireta, em que o devedor é instado a realizar, por mão própria, o conteúdo condenatório.

Trata-se do conferir novo significado à atividade jurisdicional, valorizando o *imperium* contido no comando da decisão judicial.

Vale lembrar que o § 1º do art. 832 do Texto Celetista (em decisões procedentes, o juiz "determinará o prazo e as condições para o seu cumprimento") poderia ter alcançado a mesma potência desse dispositivo do NCPC, inclusive com a possibilidade de imposição de multa em caso de descumprimento de prestação pecuniária, contudo, nunca atingiu tal repercussão em doutrina ou jurisprudência.

Óbvio que o dispositivo do NCPC em apreço, por qualquer visada que se pretenda apreciar, mostra-se plenamente compatível ao processo do trabalho; tanto no tocando ao requisito da ausência de preceito similar, quanto em relação à compatibilidade principiológica desse com o processo laboral.

3.6. Da multa do § 1º do art. 523 do NCPC

Como já citado em momento anterior, ordinariamente no processo civil não há mais a cisão, em momentos e processos apartados, entre conhecimento e execução, até mesmo em condenações pecuniárias.

No processo do trabalho essa ausência de divisão entre as fases processuais de conhecimento e execução fica ainda mais evidente considerando o habitual mecanismo de deflagração de ofício pela jurisdição da execução, conforme o já citado art. 878 da CLT.

---

(115) MARINONI, Luiz Guilherme; ARENHART, Sérgio Cruz; MITIDIERO, Daniel. *Curso de processo civil.* vol. 2, *cit.*, p. 702.

Isto significa que, imediatamente após encerramento da fase de conhecimento, é deflagrada a execução de ofício pela jurisdição.

Diz o § 1º do art. 523 do NCPC o seguinte:

Não ocorrendo pagamento voluntário no prazo do caput, o débito será acrescido de multa de dez por cento e, também, de honorários de advogado de dez por cento.

Esse dispositivo legal, corroborando uma verdadeira mudança de paradigma, e repetindo o teor do revogado art. 475-J, representa uma verdadeira ponte ligando o conhecimento à execução, pois entabulou percentual de multa de 10% (dez por cento) a ser acrescido ao montante originário da condenação (sentença ou acórdão de quantia), devidamente liquidada, caso o devedor não satisfaça por vontade própria ("pagamento voluntário") a condenação estampada no título.

Além disso, essa alteração, malgrado não garantir o cumprimento certo da dívida, mostra uma significativa quebra de paradigma da tutela executiva clássica, pois agrega meio indireto de execução (pela coerção do devedor) às obrigações de quantia, sempre iniciadas por intermédio de atos sub-rogatórios e de invasão do Estado no patrimônio do devedor.

A jurisprudência trabalhista, com alguma divergência, principalmente em primeiro e segundo grau de jurisdição, ainda na vigência do CPC anterior, afastou a incidência do antigo art. 475-J, atual § 1º do art. 523 do NCPC, conforme deixou assentado precedente da Subseção I Especializada em Dissídios Individuais do Tribunal Superior do Trabalho[116].

A citada decisão acabou por, pelo menos momentaneamente, estabilizar dissenso anterior havido entre as turmas do TST quanto à aplicação ou não do instituto em enfoque.

O objetivo será retomar com novos argumentos a discussão, agora na vigência do NCPC, defendendo a viabilidade desse instituto no processo do trabalho, visando a mudança de rota da posição da jurisdição extraordinária laboral.

3.6.1. Delimitando o § 1º do art. 523 do NCPC

O transcrito § 1º do art. 523 do NCPC fixou multa no percentual de 10%, acrescido ao montante originário da condenação (sentença de quantia), caso o devedor não efetue o cumprimento por ato próprio do julgado.

Estando a decisão devidamente liquidada, aplica-se essa "medida executiva coercitiva *ope legis*"[117], de caráter também punitivo[118], impondo ao devedor o cumprimento

---

(116) Tribunal Superior do Trabalho. Subseção I Especializada em Dissídios Individuais. Proc. E-RR - 383/2005-052-01-00.2. Rel. Ministro João Batista Brito Pereira. Disponível em: <http://www.tst.gov.br/>. Acesso em: 11 ago. 2015.

(117) WAMBIER, Luiz Rodrigues; WAMBIER, Teresa Arruda Alvim; MEDINA, José Miguel Garcia. *Breves comentários à nova sistemática processual civil*. São Paulo: RT, 2006. v. 2, p. 143.

(118) "A multa tem, assim, dupla finalidade: servir como *contramotivo* para o inadimplemento (coerção) e punir o inadimplemento (sanção)". DIDIER JÚNIOR, Fredie; BRAGA, Paula Sarno; OLIVEIRA, Rafael. *Op. cit.*, p. 450. Nesse mesmo sentido ABELHA, Marcelo. *Manual de execução civil, cit.*, p. 310.

de obrigação de pagar no prazo de quinze dias, sob pena de ser acrescida "multa no percentual de dez por cento", independentemente de requerimento do interessado. Essa multa é fixa e de incidência única[119].

O devedor deverá ser intimado para cumprimento dessa obrigação de pagar por vários meios: a) por Diário de Justiça, na pessoa de seu advogado constituído nos autos (art. 513, § 1º, I); b) carta com aviso de recebimento, caso não possua procurador constituído, ou atue, na Justiça do Trabalho, postulando diretamente (art. 513, § 1º, II); c) por edital, em caso de revelia na fase de conhecimento (art. 513, § 1º, III).

Ao contrário do afirmado por parte da doutrina, e até mesmo da própria redação legal (tratando-o como "pagamento voluntário"), essa multa possui, como salientado, inquestionável caráter coercitivo[120], pois voltada para constranger psicologicamente o réu a cumprir a decisão de pagar obrigação de quantia certa estampada em sentença ou acórdão. Meio de execução indireta, portanto.

Trata-se, então, de medida de pressão psicológica[121], destinada a atuar sobre a vontade do devedor para que ele cumpra tal obrigação, sob pena de arcar com o ônus da majoração do *quantum* indenizatório. Destarte, deve ser classificada, repita-se, como verdadeira técnica de execução indireta, isto é, instilar o devedor para satisfação *moto propria* da dívida.

Ao que parece, andou mal o legislador ao afirmar que a multa decorre da falta de "pagamento voluntário".

A realização voluntária de uma obrigação não pode estar atrelada à existência de um inadimplemento (inexecução de uma obrigação)[122], e principalmente decorrer de exortação judicial para cumprimento dessa obrigação, sob pena de pagamento de multa.

Se o descumprimento resta chancelado pela jurisdição, e ainda há uma ordem judicial à satisfação dessa dívida, cuja inexecução é penalizada, como acontece com a técnica do instituto em apreço, não se pode taxar a consequência dessa exortação de "satisfação voluntária", "cumprimento voluntário", ou "nomenclatura similar". Trata-se de satisfação, cumprimento *in executivis* do julgado ou simplesmente execução do julgado.

Contudo, não foi assim o considerado pelo legislador, pois consta no texto que a exigência da multa decorre da ausência de cumprimento ou "pagamento voluntário". Pouco importa.

De qualquer sorte, voluntário ou não, o lapso temporal havido entre o momento da exigência do *quantum debeatur* até o cumprimento da decisão, de quinze dias, deve

---

(119) BUENO, Cassio Scarpinella. *A nova etapa da reforma do código de Processo civil*, cit., v. 1, p. 81.

(120) No mesmo sentido vide SCHIAVI, Mauro. *Manual de direito processual do trabalho*. De acordo com o novo CPC, *cit.*, p. 1147.

(121) Nesse mesmo sentido *vide* ALMEIDA, Cleber Lucio de. *Direito processual do trabalho*. 2. ed. Belo Horizonte: Del Rey, 2008. p. 49.

(122) Em sentido similar, DINAMARCO, Cândido Rangel. *Execução civil*, cit., p. 100.

ser reconhecido, tanto no processo civil como no processo do trabalho, como **momento inicial de deflagração da fase executiva ou de cumprimento** (definitivo ou provisório, como será apresentado oportunamente), e, também, imediatamente anterior a realização de qualquer providência jurisdicional substitutiva estatal da vontade do devedor.

Portanto, o início dos atos executivos-expropriatórios clássicos (penhora, avaliação, adjudicação, arrematação etc.), já enquadrados como execução direta, dão-se após o exaurimento do anterior momento executivo de cumprimento nominado pela lei de voluntário.

Esse posicionamento do cumprimento como fase imediatamente anterior à deflagração dos atos executivos expropriatórios, conforme será apresentado posteriormente, terá grande valia para compreender a incidência desse regramento no processo do trabalho.

O pagamento parcial do total da dívida, no prazo já citado, acarretará a incidência da multa e honorários apenas no restante do quinhão não satisfeito, consoante prevê o § 2º do mesmo dispositivo legal[123].

3.6.2. Incidência no processo do trabalho

Resta responder a candente questão hodierna, tão discutida na seara acadêmica e nos Tribunais trabalhistas pátrios, acerca da possível compatibilidade da multa do § 1º do art. 523 do NCPC no processo do trabalho.

Antes de enfrentar esse desafio, vale reafirmar posição assentada no início do desenvolvimento desse instituto, qual seja, essa ferramenta executiva representa apenas e tão somente a criação de um importante mecanismo pelo legislador de "pressão adicional"[124] sobre o devedor para a concretização da tutela jurisdicional. E assim deve ser compreendido, principalmente quando se pretender viabilizá-lo no processo do trabalho.

Necessário destacar, também, novamente, a importância da compreensão da existência de uma fase satisfativa dita voluntária do julgado de quantia, anterior à deflagração dos atos de atuação e transferência estatal coativa de patrimônio, em que é permitido o cumprimento dito espontâneo do julgado sem a incidência do plus de 10% relativo à imposição dessa multa processual *ope legis*. Essa fase está em plena consonância com o modelo processual laboral sincrético — apresentado anteriormente, a efetividade, o modelo constitucional de processo e a razoável duração da litispendência[125].

---

(123) Efetuado o pagamento parcial no prazo previsto no *caput*, a multa e os honorários previstos no § 1º incidirão sobre o restante.

(124) CORDEIRO, Wolney de Macedo. Multa do art. 523 do novo CPC (antigo art. 475-J). In: MIESSA, Élisson (Org.). *O novo Código de Processo Civil e seus reflexos no processo do Trabalho, cit.*, p. 809.

(125) MARANHÃO, Ney Stany Morais relata precedente em que foi aplicada a multa em enfoque, culminando em "cumprimento efetivo do comando sentencial em incríveis 19 (dezenove) dias". In: Multa do art. 475-J do CPC e sua aplicação no processo do trabalho. *Revista LTr*, ano 71, n. 10, p. 1.189, out. 2007.

A fase de satisfação dita voluntária no processo do trabalho inicia-se exatamente com a publicação de sentença ou acórdão liquidado (art. 852 da CLT), ou após intimação do executado dessa decisão liquidada, observada a sistemática do regramento do art. 879 do texto consolidado.

Vale lembrar que, nos termos dos incs. I, II e III, do § 1º, do art. 513 do CPC, plenamente aplicáveis ao processo do trabalho, o devedor deverá ser intimado para cumprimento da obrigação de pagar por vários meios: a) por Diário de Justiça, na pessoa de seu advogado constituído nos autos; b) carta com aviso de recebimento, caso não possua procurador constituído, ou atue, na Justiça do Trabalho, postulando diretamente; c) por edital, em caso de revelia na fase de conhecimento.

A doutrina laboral processual, ainda na constância do CPC anterior, bifurcou-se. Parte admitia a plena compatibilidade da multa do anterior art. 475-J (atual § 1º do art. 523 do NCPC) no processo do trabalho[126]; outra a refutava com veemência[127].

A jurisprudência dos tribunais regionais laborais também vinha adotando posições distintas quanto à incidência da antiga multa do art. 475-J, contudo, como já salientado, o TST acabou por pacificar essa divergência ainda na vigência do antigo CPC, confirmando a inviabilidade dessa multa.

Já na constância do NCPC, a multa prevista no atual § 1º do art. 523 do NCPC vem recebendo alguma acolhida pela doutrina processual laboral[128], inobstante a também existência de vozes contrárias[129].

O Tribunal Superior do Trabalho ainda não se manifestou sobre essa questão na vigência da atual legislação processual civil.

Nem mesmo o fez por intermédio da Instrução Normativa n. 39, sob o argumento de que essa discussão estaria *sub judice*. Estranho argumento; pois outras matérias obviamente também estão sendo apreciada pela jurisprudência desse Tribunal, e mesmo assim não deixaram de ser "regulamentadas" pela citada instrução normativa.

As ideias que afastavam a aplicação da antiga multa do art. 475-J do CPC no processo do trabalho, e que certamente voltarão à tona na vigência do atual § 1º do art. 523 do NCPC, podem ser resumidos da seguinte maneira:

i) o prazo para cumprimento do julgado de 15 dias não traria nenhum benefício à efetividade do processo do trabalho, considerando lapso temporal menor havido no art. 880 da CLT, de 48 horas, para pagamento ou nomeação de bens à penhora;

---

(126) Por exemplo, SCHIAVI, Mauro. Novas reflexões sobre a aplicação do art. 475-J do CPC ao processo do trabalho à luz da recente jurisprudência do TST. In: *Revista LTr*, ano 72, n. 3, p. 271-276, mar. 2008.

(127) Por exemplo, PINTO, José Augusto Rodrigues. *Op. cit.*, p. 1300; TEIXEIRA FILHO, Manoel Antonio. O cumprimento da sentença no processo do trabalho. In: SANTOS, José Aparecido dos (Coord.). *Execução trabalhista:* homenagem aos 30 anos da AMATRA IX. São Paulo: LTr, 2008. p. 43-62.

(128) Como exemplo, SOUZA, Marcelo Papaléo. Os reflexos da execução trabalhista em face das alterações do novo CPC. In: DIDIER JR., Fredie (Org.). *Processo do trabalho*. Coleção Repercussões do novo CPC. V. 4. Salvador: JusPodivm, 2015. p. 457.

(129) Cf. LAURINO, Salvador Franco de Lima. *O art. 15 do novo processo civil e os limites da autonomia do processo do trabalho*, cit., p. 127.

ii) ausência de omissão no regramento celetista, o que impossibilitaria o aproveitamento desse instrumento no processo laboral[130];

iii) a fixação de penalidade não pertinente ao processo do trabalho violaria o princípio constitucional do devido processo legal (art. 5º, LIV).

Todos esses três enredos contrários foram utilizados pelo Tribunal Superior do Trabalho para pacificação do posicionamento jurisprudencial ora tratado.

O desafio agora recuperado, já na vigência do NCPC, será, primeiro reforçar a superação da jurisprudência construída sob a égide da legislação revogada, além de apresentar novos argumentos voltados à modificação do cenário jurisprudencial laboral ainda vigente.

Portanto, far-se-á primeiro o confronto, de maneira individualizada e para facilitar a compreensão do leitor, dos argumentos utilizados nos decisórios dos tribunais laborais, notadamente do TST, imediatamente seguidas das necessárias refutações.

Vale registrar, novamente, que essas linhas de raciocínio foram construídas ainda na constância do revogado diploma processual, mas certamente voltarão à tona para sustentar a ausência de incidência da multa do atual CPC no processo laboral.

Por fim, serão apresentados novos argumentos que corroboram o necessário acolhimento no processo do trabalho do instituto em comento.

a) Multa violada do devido processo legal

A jurisprudência do TST menciona possível violação ao princípio do devido processo legal, por se tratar de penalidade "não pertinente ao processo do trabalho". Sem consistência jurídica.

Basta ver a utilização histórica de outras penalidades, também "não pertinentes" ao processo do trabalho, pela jurisprudência laboral, que, inclusive, podem ser cumuladas, como a multa pela litigância de má-fé (arts. 14 e 17 do antigo CPC)[131], ato atentatório à dignidade da justiça — *contempt of court* (art. 600 do antigo CPC)[132] e multa em decorrência da pecha de embargos meramente protelatórios[133].

---

(130) Nesse sentido posicionou-se enfaticamente Manoel Antônio Teixeira Filho: "Deste modo, a aplicação do *caput* e do § 1º, do art. 475-J, do CPC, em substituição ao processo de execução, regulado pela CLT, como vem ocorrendo, implica, a um só tempo: a) a indisfarçável transgressão ao art. 769 da CLT, que antepôs omissão à compatibilidade, como requisito para adoção de norma do processo civil pelo do trabalho. A propósito, o que o legislador cogitou, realmente, foi de uma adoção em caráter supletivo e ocasional — e que se tem pretendido, com a aplicação do caput e do parágrafo primeiro do art. 475-J, é, na verdade, a substituição definitiva do sistema trabalhista dos embargos à execução pelo sistema da impugnação ao título judicial, inserido no CPC pela Lei n. 11.232/2005 — o que é, legalmente, inaceitável, sob pena de grave e espantoso malferimento dos princípios...". Processo do trabalho — embargos à execução ou impugnação à sentença? (a propósito do art. 475-J do CPC). In: *Revista LTr*, ano 70, n. 10, p. 1.180, out. 2006.

(131) *Vide*, dentre tantos, o seguinte precedente: Tribunal Superior do Trabalho. 3ª Turma. AIRR – 876/2003-702-04-40. Rel. Min. Alberto Luiz Bresciani de Fontan Pereira, DJ 1º.8.2008.

(132) *Vide*, dentre tantos, o seguinte precedente: Tribunal Superior do Trabalho. 4ª Turma. PROC: AIRR - 2503/2003-906-06-40. Rel. Min. Renato de Lacerda Paiva, DJ 1º.8.2008.

(133) *Vide*, dentre tantos, o seguinte precedente: Tribunal Superior do Trabalho. 2ª Turma. Proc. RR 158365/2005-900-11-00. Rel. Min. Renato de Lacerda Paiva, DJ 25.5.2007.

Em qualquer dessas penalidades, típicas do processo civil e historicamente aplicadas pelos Tribunais trabalhistas, inclusive pelo TST, utilizou-se desse argumento manejado para afastar a incidência da antiga multa do art. 475-J, isto é, possível violação ao princípio do devido processo legal.

b) Tumulto processual e suposto prazo mais dilargado do antigo art. 475-J. Falta de efetividade

Outra razão de decidir do TST foi a possível ausência de efetividade da multa do processo civil no processo do trabalho, considerando que o prazo trabalhista, de 48 horas, para pagamento ou nomeação de bens à penhora é bem menor do que aquele previsto no antigo art. 475-J (de quinze dias), o que acabaria por causar tumulto processual e falta de efetividade, como dito.

Também sem razão! A incidência dessa multa no processo do trabalho significa a instauração de uma verdadeira fase executiva ou de cumprimento prévio, começando em razão da existência de decisão liquidada, distinta e autônoma em relação ao módulo processual iniciado com o art. 880 da CLT, visando ao cumprimento dito voluntário do julgado.

Logo, a deflagração do cumprimento executivo pelo § 1º do art. 523 do NCPC situa-se em momento ou módulo processual imediatamente anterior em relação à deflagração dos atos executivos propriamente ditos, substitutivos da vontade do devedor, e aptos a realizar transferência patrimonial coativa, conforme previsto no art. 880 do texto celetista.

Portanto, há o módulo executivo processual do cumprimento dito voluntário quem tem início após a intimação do devedor para realização do julgado, nos termos do art. 513 do NCPC, este compatível com o processo do trabalho.

E existe o módulo executivo processual, diferente do citado no parágrafo anterior, que é deflagrado no processo do trabalho por intermédio do art. 880 da CLT.

Veja que em relação a esse art. 880 até a notícia ao devedor é feita de forma diferente. O devedor é cientificado pessoalmente por intermédio de "mandado de citação". Enquanto em relação ao § 1º do art. 523 será intimado por advogado ou pessoalmente, caso esteja litigando sem assistência técnica.

Portanto, quanto ao cumprimento dito voluntário, o devedor será intimado por diversas maneiras, mas não citado por intermédio de oficial de justiça em razão da deflagração do módulo processual iniciado pelo citado art. 880.

Por essa diferenciação já seria possível visualizar momentos ou módulos processuais distintos entre o art. 880 da CLT e o momento processual em que se situa o § 1º do art. 523 do NCPC.

Mas não é só.

Esses espaços processuais diferentes também podem ser confirmados considerando que a pretensão executiva no sentido estrito, cuja consequência é a inauguração, nos termos do citado art. 880 da CLT, dos atos expropriatórios propriamente ditos (penhora, arrematação, remoção de bens etc.), substitutivos da vontade da parte recalcitrante, tem início após o exaurimento da fase de adimplemento dito voluntário pelo devedor, cujo início, conforme também já mencionado, acontece pela intimação do devedor para cumprimento dito voluntário de obrigação de quantia já liquidada, conforme hipóteses entabuladas no art. 513 do NCPC.

c) Nova subsidiariedade no processo do trabalho

Inegável que o grande argumento utilizado para afastar a incidência da atual multa do § 1º do art. 523 do NCPC no processo do trabalho finca raízes na (já aqui chamada) leitura clássica da técnica da subsidiariedade.

Significa dizer que prevalece a apreciação dos requisitos da omissão e posterior compatibilidade da norma processual comum a ser aplicado no processo laboral (requisitos: omissão + compatibilidade da normativa trabalhista), conforme leitura literal do art. 769 do texto consolidado.

Como visto anteriormente (remete-se o leitor às considerações construídas nos dois capítulos anteriores), a técnica da subsidiariedade clássica não consegue dar mais conta das exigências atuais de celeridade e efetividade da tutela jurisdicional.

O citado art. 769 da CLT merece ser lido em consonância com o modelo principiológico constitucional hodierno, compreendendo-se a técnica processual como instrumento de efetividade, celeridade e entrega da tutela jurisdicional observando-se a razoável duração do processo e a efetividade desse instrumento a serviço do direito material.

O aproveitamento dos eflúvios das recentes alterações do processo civil no processo do trabalho, sendo a multa do atual § 1º do art. 523 do NCPC um exemplo palmar, também significa a necessidade de se mudar a postura (um tanto arrogante!, diga-se com sinceridade) daqueles processualistas laborais clássicos que têm o texto celetista como algo sagrado e imune a influências de outras searas do ramo processual, reconhecendo-se afinal uma obviedade ainda não vislumbrada por alguns: o processo laboral parou no túnel da história. Mais do que nunca merece ser compreendido como um sistema, cujo ápice encontra-se localizado no texto constitucional, daí porque deve ser moldado à semelhança dessa Lei Maior, mesmo que para isso necessite abeberar-se dos institutos, constitucionais ou infraconstitucionais, do processo civil.

Mas não é só.

Há também pelo menos mais dois argumentos que corroboram a mudança de postura da jurisprudência laboral quanto ao cabimento do atual § 1º do art. 523 do NCPC no processo do trabalho.

d) Do art. 15 do NCPC e da técnica supletiva

Como já tratado, o art. 15 do NCPC trouxe inéditos elementos integrativos à ciência processual laboral por intermédio da técnica da subsidiariedade, agora com previsão expressa no processo civil.

Tal previsão certamente trouxe novos aportes e possibilidades de integração da ciência processual laboral pelo processo civil. Integração, aliás, corriqueira e historicamente aplicável à execução laboral, considerando a notória incompletude deste modelo.

Além disso, essa técnica de integração do art. 15 do NCPC, como tratado anteriormente, apresenta a possibilidade de complementação pela supletividade, em razão da incompletude do universo que demanda auxílio.

E essa incompletude é justamente a característica palmar do modelo de execução (definitiva e provisória) laboral.

Nesse eito, a integração, pelo mecanismo da **supletividade**, da execução trabalhista, observando as ideias da subsidiariedade sistemática e integração observando a principiologia própria dessa ciência, encaixa perfeitamente com o notório modelo incompleto da execução laboral.

3.7. Sistemáticas distintas. Execução em decisão de quantia e execução específica

Sendo o processo instrumento a serviço do direito substancial, necessariamente deverá ser aparelhado conforme o tipo de direito material em conflito.

De acordo com a organização do novo Código de Processo Civil, seguindo linha pretérita das leis executivas alterantes do modelo anterior (principalmente, Leis ns.11.232/2005 e 11.382/2006), possível distinguir pelo menos **seis modalidades procedimentais** de tutela executiva no processo civil.

Antes, registre-se que o NCPC, na mesma linha da codificação anterior, adota o modelo do cumprimento sincrético (a partir do art. 513 do NCPC) às execuções de título executivo judicial, e o processo de execução (a partir do art. 771 do novo CPC) para os títulos executivos extrajudiciais, com aplicação subsidiária deste universo no cumprimento sincrético.

A primeira modalidade trata de técnica executiva sincrética, ou cumprimento de sentença, provisória ou definitiva, "que reconhece o dever de pagar quantia" (§ 1º do art. 513), como fase posterior da cognição, ainda a depender de "requerimento do exequente". O cumprimento provisório tem início no art. 520 e o definitivo no art. 523.

A segunda trata do cumprimento de sentença que reconheça a exigibilidade de obrigação de prestar alimentos (a partir do art. 528)

A terceira dispõe sobre o cumprimento de sentença que reconheça a exigibilidade de pagar quantia pela Fazenda Pública (a partir do art. 534).

A quarta trata do cumprimento de sentença que reconheça a exigibilidade de obrigação de fazer e não fazer (a partir do art. 536), cuja deflagração poderá ser de ofício pelo juízo ou objeto de requerimento pelo exequente.

A quinta diz acerca do cumprimento de obrigações de entregar coisa, a partir do art. 538.

A sexta, já no Livro II, do novo Código de Processo Civil, fixa o procedimento da execução fundada em título executivo extrajudicial (a partir do art. 771), aplicado por subsidiariedade em todos os outros procedimentos citados anteriormente, consoante parágrafo único do art. 771.

3.7.1. Certa flexibilização no panorama geral da execução no processo civil. Aplicação no processo do trabalho

O NCPC manteve as mesmas linhas gerais em relação a tutela executiva, especialmente no tocante às mudanças operadas pela Lei n. 11.232/2005 e Lei n. 11.382/2006.

Tem-se uma estrutura bastante avançada em relação à tutela específica, cuja efetivação é possível de ofício pela jurisdição, conforme será melhor desenvolvida ao longo do presente.

Contudo, quanto as decisões que instrumentalizam obrigações pecuniárias, ainda se exige no processo civil o requerimento do interessado, nos termos do § 1º do art. 513. Exatamente como era antes do NCPC e após as alterações operadas pelos diplomas legais citados no início desse item.

Além disso, o modelo de cumprimento das obrigações de quantia adota, pelo menos à primeira vista, uma sistemática de efetivação típica e rígida, admitindo tão somente a "abertura da execução por sub-rogação patrimonial para a tutela de prestações pecuniárias"[134], isto é, cabendo ao estado-juiz unicamente adotar medidas de substituição coativa da vontade recalcitrante do devedor.

O já citado art. 139, IV do NCPC mostra-se capaz de bagunçar um pouco as distinções e os ritos bem definidos e diferenciados entre as condenações de quantia e aquelas envolvendo tutela específica.

Isto porque, como já tratado, o referido dispositivo permite a possibilidade de a jurisdição "determinar todas as medidas indutivas, mandamentais ou sub-rogatórias" necessárias para efetivar o cumprimento inclusive de ações cujo objeto sejam prestações pecuniárias.

Assim, a jurisdição não estaria mais adstrita a um sistema típico de execução por sub-rogação patrimonial estatal para efetivação de decisões de quantia, considerando a possibilidade de ser acoplada também medida de indução ou mandamental apta a constranger a vontade do devedor recalcitrante instando-se a realizar pessoalmente a obrigação inadimplida, observando técnica de execução indireta, mencionada anteriormente.

Óbvio que as últimas palavras desse item devem tratar sobre a integração desse dispositivo no processo do trabalho.

---

(134) MARINONI, Luiz Guilherme; ARENHART, Sérgio Cruz; MITIDIERO, Daniel. *Curso de processo civil*. vol. 2, *cit.*, p. 703.

Por todos os enfoques possíveis da técnica da integração (pela subsidiariedade sistemática) do processo laboral pela sistemática civil, deve-se acolher a recepção desse preceito legal, pois certamente poderá abrir mais o leque das técnicas de efetivação de decisões de quantia, com a possibilidade de adoção de medidas pelo próprio devedor recalcitrante.

Aliás, o dispositivo legal em comento do NCPC não fica muito distante da redação do § 1º art. 832 da CLT que já admitia a possibilidade de a jurisdição determinar "prazo" e "condições para o seu cumprimento" de decisão.

3.8. Execução de título executivo extrajudicial na Justiça do Trabalho

A nomenclatura de títulos executivos extrajudiciais já significa que não têm sua gênese na jurisdição, mas decorrem de obrigações contidas em documentos que a lei atribui força de título executivo.

Na Justiça do Trabalho a competência para execução de título executivo extrajudicial foi atribuída pela Lei n. 9.958/00, além da modificação do art. 114, VII, da CF/1988[135], por intermédio da Emenda Constitucional n. 45/2004.

Há discussão antiga sobre a possibilidade de execução de outros títulos executivos extrajudiciais na Justiça do Trabalho além do rol previsto no art. 876 da CLT (termos de ajuste de conduta firmados perante o MPT e termos de conciliação avençados perante Comissão de Conciliação Prévia).

Parte da doutrina afirma que o rol citado seria taxativo[136].

Outra parte, que se acredita a mais correta[137], reconhece como títulos executivos extrajudiciais na Justiça do Trabalho, além do rol do citado artigo, por exemplo, os títulos de crédito exsurgidos de relação de trabalho (cheques, promissórias, confissões de dívidas etc.)

O procedimento previsto para execução de título extrajudicial na Justiça do Trabalho está disposto a partir do art. 880 da CLT, mesmo rito procedimental da tutela executiva decorrente dos títulos executivos judiciais.

A execução trabalhista de título extrajudicial é um processo autônomo, têm que não há fase de conhecimento.

3.9. Execução em sentença de quantia contra devedor solvente no processo do trabalho

No tocante à execução de sentença de quantia contra devedor solvente, deve-se reconhecer o sincretismo e a consequente ausência de autonomia, cujo regramento

---

(135) "Ações relativas às penalidades administrativas impostas aos empregadores pelos órgãos de fiscalização das relações de trabalho".

(136) Como exemplo, RODRIGUES PINTO, José Augusto. *Execução trabalhista*. 11. ed. São Paulo: LTr, 2006. p. 27.

(137) *Vide*, dentre outros, SCHIAVI, Mauro. *Manual de direito processual do trabalho*. De acordo com o novo CPC, *cit.*, p. 1.037.

encontra-se disposto a partir do art. 876 da CLT, aplicando-se por subsidiariedade, com as devidas adaptações, a sistemática processual civil do cumprimento de sentença (a partir do art. 513) alterada pelo novo Código de Processo Civil.

Esse procedimento executivo poderá ter início, em caso de decisão exequenda ilíquida, justamente com a liquidação dessa decisão, por "cálculo, por arbitramento ou por artigos", tal como prevê o art. 879 da CLT.

No processo civil a liquidação está prevista a partir do art. 509 do NCPC, havendo apenas duas modalidades às decisões de quantia: liquidação por arbitramento (art. 510) e pelo "procedimento comum" (art. 511), antiga liquidação por artigos.

O incidente de liquidação no processo do trabalho deverá ser visualizado como mera fase preparatória da execução[138], situada entre a cognição e a execução[139].

A propósito, o NCPC segue essa mesma toada, pois posiciona o procedimento de liquidação entre o trânsito em julgado da decisão e o início da fase de cumprimento, nos arts. 509 até 512.

Voltando ao processo do trabalho, após o incidente de liquidação — caso necessário, a CLT exige a citação do executado para pagar ou nomear bens à penhora, garantindo-se, com isso, o juízo executório, conforme arts. 880 e 881.

A execução laboral tem continuidade com os atos de constrição, defesa do executado e, finalmente, com a expropriação e satisfação da pretensão executiva.

Por fim, vale novamente ressaltar que, ao contrário do processo civil (§ 1º do art. 513), no processo do trabalho o cumprimento também poderá ser deflagrado de ofício pela jurisdição, conforme disposto no art. 878.

3.10. Aspectos gerais da tutela específica no processo.

Consoante já ressaltado, haverá a clássica execução indireta (atuação sobre a vontade do devedor para satisfação da dívida), sempre que se pretender a realização material de algum comando jurisdicional (sentença, acórdão, decisão interlocutória), de título executivo judicial e/ou extrajudicial, notadamente aparelhados por prestações de fazer, não fazer e entregar coisa[140] diversa de pecúnia. Neste caso, o "objeto da relação jurídica é um comportamento (ativo ou passivo) do devedor"[141].

---

(138) Nesse sentido temos, entre outros, MARTINS, Sérgio Pinto. *Direito processual do trabalho*. 23. ed. São Paulo: Atlas, 2005 p. 25; OLIVEIRA, Francisco Antônio de. Manual de processo do trabalho. 2. ed. São Paulo: Revista dos Tribunais, 1999. p. 154.

(139) No mesmo sentido temos SOUTO MAIOR, Jorge Luiz. Teoria geral da execução forçada. In: NORRIS, Roberto (Org.). *Execução trabalhista*: visão atual. Rio de Janeiro: Forense, 2001. p. 50.

(140) Cf. DIDIER JÚNIOR, Fredie; BRAGA, Paula Sarno; OLIVEIRA, Rafael. *Op. cit.*, p. 418 e GUERRA, Marcelo Lima. *Execução indireta, cit.*, p. 19.

(141) THEODORO JÚNIOR, Humberto. *Processo de execução e cumprimento da sentença, cit.*, p. 223.

Também já foi vista a possibilidade dessa mesma execução indireta também incidir nas obrigações de pagar, consoante autorizado pelo § 1º do art. 523, bem como art. 139, IV, ambos do NCPC.

Ultrapassando discussão doutrinária antiga, execução de tutela específica pode (e tanto faz) ser qualificada como efetivação, ou execução, ou cumprimento de obrigações de fazer, não fazer e entregar coisa, reconhecida em provimentos jurisdicionais ou títulos executivos extrajudiciais.

Aliás, o atual CPC afasta de vez essa antiga discussão ao elencar como títulos executivos judiciais, sujeitos ao mesmo regime de cumprimento, as decisões que reconheçam a obrigação de pagar quantia, bem como as de fazer, não fazer e entregar coisa, conforme inciso primeiro do art. 525.

Diz-se execução "específica", contrária da técnica indenizatória pecuniária já apreciada, porque se pretende a procura da maior coincidência possível entre "o resultado da tutela jurisdicional pedida e o cumprimento da obrigação caso não houvesse ocorrido lesão ou, quando menos, ameaça de direito no plano material"[142].

Significa, em outros termos, a busca da materialização do direito do jurisdicionado tal como existente originariamente antes da violação.

Tem como característica fundamental a variância e a conformação às necessidades de direito material. Pode ser inibitória, de remoção do ilícito, ressarcitória na forma específica, do adimplemento na forma específica e do cumprimento do dever legal[143].

Pela ordem legal, a tutela específica prevalece sobre a tutela pelo equivalente (ou "tutela da equivalência"), que, por sua vez, supera a ressarcitória, exatamente conforme preleciona o art. 497 conjugado com o art. 499 do atual CPC.

A única maneira de impedir que os direitos não patrimoniais se convolem em mero ressarcimento pecuniário, será por intermédio da realização da tutela específica ou pela "obtenção de tutela de resultado prático equivalente" (art. 499 do atual CPC).

Para finalizar, registre-se a existência no direito processual de instrumentos suficientes para a outorga de tutela específica generalizada, conforme estrutura entabulada para os julgamentos (arts. 497 até 501), cumprimento dessas medidas (arts. 536, 537 e 538), e em execução de títulos extrajudiciais arts. 814 até 823.

3.11. Tutela específica no processo do trabalho clássico

A sistemática do regramento das tutelas específicas genéricas, que aparecem no atual CPC em três ocasiões diferentes, aplica-se, sem indagações maiores, no processo do trabalho.

---

(142) BUENO, Cassio Scarpinella. *Curso sistematizado de direito processual civil:* tutela jurisdicional executiva. vol. 3. São Paulo: Saraiva, 2007. p. 455. No mesmo sentido, dentre tantos outros, MARTINS, Sérgio Pinto. *Tutela antecipada e tutela específica no processo do trabalho.* 2. ed. São Paulo: Atlas, 2000. p. 101.

(143) Taxonomia disposta em MARINONI, Luiz Guilherme; ARENHART, Sérgio Cruz. MITIDIERO, Daniel. *Curso de processo civil.* Tutela de direitos mediante procedimento comum, *cit.*, p. 815.

Isto significa principalmente execução sem intervalo de tutelas específicas. Basta a expedição de mandado de cumprimento da decisão exarada.

Veja que o art. 536 do novo CPC admite que a jurisdição atue de ofício para a "efetivação da tutela específica", ao contrário das obrigações de pagar que ainda exigem, no atual CPC, requerimento do interessado.

No processo do trabalho, tanto as obrigações de quantia, quanto as tutelas específicas, prescindem de requerimento do interessado, conforme disposto no art. 878 da CLT.

Há diversos exemplos de tutelas específicas plasmadas ainda na CLT, portanto várias décadas anteriores em relação às citadas alterações do processo civil, envolvendo a modalidade de tutela específica. Vejamos:

— reintegração liminar de dirigente sindical "afastado, suspenso ou dispensado pelo empregador" (art. 659, X, da CLT).

— possibilidade de a própria secretaria da vara do trabalho (art. 39, § 1º) realizar as devidas anotações da carteira de trabalho e previdência social do reclamante.

— pedido do empregado para ser "desobrigado a prestar horas extras quando ilegalmente exigíveis"[144], portanto, obrigação de não fazer.

Os exemplos de tutela específica expressamente dispostos no texto celetista deverão ser realizados, liminarmente ou não, por intermédio de tutela definitiva ou provisória, com o auxílio das chamadas medidas de apoio dispostas no § 1º do art. 536 do novo CPC, conforme será desenvolvido com mais vagar no próximo item.

Ressalte-se que as obrigações específicas (fazer, não fazer e entregar coisa) somente serão convertidas em perdas e danos (obrigação pecuniária) se o "autor o requerer" ou seja "impossível a tutela específica", ou a "obtenção da tutela pelo resultado prático equivalente", neste caso realizada por pessoa distinta do devedor, conforme disposto no art. 499 do novo CPC.

Trata-se de verdadeira ordem hierárquica preferencial[145]. Primeiro a tutela específica. Não sendo possível aquela, afirma-se a tutela de equivalência. Não sendo possível esta, converte-se a obrigação em perdas e danos.

Ao contrário do processo civil, como já observado, o processo laboral não estabelece distinção (art. 876 da CLT) entre os ritos executivos de títulos judiciais ou extrajudiciais.

Portanto, tutela específica, na seara laboral, de título judicial ou extrajudicial, possui idêntico desenvolvimento.

---

(144) MEIRELES, Edilton. *Temas da execução trabalhista*. São Paulo: LTr, 1998. p. 26.

(145) TEIXEIRA, Sérgio Torres. Execução de obrigações de fazer e de não fazer: repercussões das regras do novo CPC no modelo processual do trabalho. In: MIESSA, Elisson (Org.). *O novo Código de Processo Civil e seus reflexos no processo do trabalho*. 2. ed. Salvador: JusPodivm, 2016. p. 940.

3.11.1. Da tutela inibitória. Aplicação no processo do trabalho

O chamado provimento inibitório ou preventivo é uma modalidade de tutela específica[146] voltada para o futuro, indistintamente sendo dirigida a "inibir a prática, a reiteração ou a continuação de um ilícito", tal como previsto expressamente no parágrafo único do art. 497 do atual CPC.

Significa, portanto, chegar antes do ilícito (é anterior a sua prática) ou impedir a sua reiteração ou continuidade, evitando, por consequência, a citada conversão em ressarcimento pecuniário.

Não se pode confundir tutela inibitória com tutela ressarcitória, porque esta visa a reparar o dano, enquanto aquela busca evitar a ocorrência, manutenção ou repetição do ilícito. Daí a razão direta para os pressupostos à concessão da tutela inibitória sejam diferentes daquelas envolvendo ressarcimento.

No caso da inibitória, será "irrelevante" ao interessado demonstrar a própria "ocorrência de dano" ou existência de "culpa ou dolo", conforme o já citado parágrafo único do art. 497.

A desnecessidade da comprovação dos elementos subjetivos (dolo ou culpa) justifica-se em razão desses estarem vinculados à responsabilidade civil pelo dano.

A finalidade da tutela inibitória não é punir quem pode praticar ou pratica o ato ilícito, mas impedir a própria prática ou continuação deste.

Portanto, se alguém estiver na iminência de realizar, ainda que sem dolo ou culpa, um ilícito, caberá a incidência da tutela inibitória.

Assim, tal modalidade de tutela tem a finalidade de conservar a integridade do direito, pressupondo a "probabilidade de que o ilícito prossiga ou se repita, ou mesmo que venha a ser praticado, se ainda não se verificou"[147], tendo em conta a impossibilidade de alguns direitos, principalmente os de conteúdo extrapatrimonial, poderem ser efetivamente tutelados por intermédio da técnica do ressarcimento, bem como considerando a prevalência do valor da prevenção sobre o ressarcimento.

Aliás, mostra-se necessário também desde logo afirmar, para ficar bem claro o posicionamento da tutela inibitória, que o dano é consectário meramente eventual do ilícito; este deve compreendido como "ato contrário ao direito que prescinde da configuração do dano"[148].

É certo que probabilidade de ilícito significa, frequentemente, probabilidade do próprio dano, pois muitas vezes mostra-se impossível separar, cronologicamente, o ilícito e o dano (possivelmente) decorrente.

---

(146) Nesse sentido MARINONI, Luiz Guilherme. *Tutela inibitória (individual e coletiva)*. 4. ed. São Paulo: RT, 2006. p. 38.

(147) MARINONI, Luiz Guilherme. *Antecipação de tutela, cit.*, p. 88.

(148) MARINONI, Luiz Guilherme. *Tutela inibitória (individual e coletiva), cit.*, p.45.

Ainda assim, para alcançar a tutela inibitória não se faz necessário, por tudo que se expôs até o presente momento, a demonstração de um futuro dano, inobstante ele possa obviamente ser invocado para reforçar a posição, mas tão somente um provável ilícito futuro.

Parcela da doutrina sustenta equivocadamente ser a tutela inibitória restrita aos ilícitos comissivos (por ação) que geram, por consequência, obrigações de não fazer[149], para se evitar um ilícito.

O erro está na possibilidade dessa forma de tutela também poder evitar ilícitos omissivos, cuja consequência é, ao contrário da modalidade anterior, a imposição de técnica processual específica voltada a um dever de fazer[150], porque o caso concreto pode exigir não apenas a abstenção, mas a adoção de alguma atividade concreta (tutela inibitória positiva[151]) para lograr esse objetivo.

Basta imaginar a probabilidade de ser tolhido ilícito omissivo e sucessivo por intermédio da imposição de um fazer em uma ação coletiva. Exemplificando. Um ilícito laboral omissivo, configurado pela ausência de proteção adequada de partes móveis de máquina de serrar toras de madeira, com potencial para causar acidente de trabalho a qualquer tempo, exige a realização de medida positiva, a consequente aplicação de equipamento de proteção dito coletivo (EPC), isto é, a cobertura protetora adequada às partes móveis dessa máquina.

A tutela jurisdicional, no caso, faz cessar a apontada ausência ilícita decorrente de comportamento omissivo continuado por intermédio da imposição de um ato comissivo (o empregador adequar a máquina às normas de segurança e medicina do trabalho). Trata-se, portanto, de tutela genuinamente inibitória, de índole positiva.

Como já mencionado, a tutela inibitória caracteriza-se por ser voltada para o futuro. Funciona, basicamente, por intermédio de comando jurisdicional (sentença, acórdão, decisão interlocutória) capaz de impedir a prática ou ocorrência, a repetição ou a continuação do ilícito.

Pouco importa, portanto, se o ilícito se configura em um único ato ou se deita efeitos de forma continuada, pois o importante será inibi-lo[152].

A propósito, essa projeção para o futuro não será prejudicada em caso de adequação de conduta pela ré no decorrer de demanda jurisdicional aparelhada de tutela específica, pois a finalidade é justamente evitar que o desvio constatado e já reparado volte a ser

---

(149) Cf. TALAMINI, Eduardo. *Tutela relativa aos deveres de fazer e não fazer*. 2. ed. São Paulo: Revista dos Tribunais, 2003. p. 132.

(150) No mesmo sentido vide, dentre outros: ARENHART, Sérgio Cruz. *A tutela inibitória coletiva*. São Paulo: Revista dos Tribunais, 2003. p. 167.

(151) Idêntica às *mandatory injunctions* do direito angloamericano.

(152) Nesse mesmo sentido SPADONI, Joaquim Felipe. *Ação inibitória*. São Paulo: Revista dos Tribunais, 2002. p. 75.

repetido no porvir. Essa posição já restou chancelada pelo Tribunal Superior do Trabalho em diversas ocasiões[153].

Registre-se, mais uma vez, que na tutela inibitória, por se caracterizar como modalidade jurisdicional voltada para o futuro, em muitas ocasiões existem apenas indícios (provas indiciárias) apontando tão somente à probabilidade da ocorrência de futuro ilícito.

O parágrafo único, do art. 497, do novo CPC, acompanhou essa toada de compreensão da tutela inibitória ao afirmar ser "irrelevante a demonstração da ocorrência de dano ou da existência de culpa ou dolo".

Esse novel dispositivo, aliás, tem ampla e benéfica aplicação no processo do trabalho, pois evidentemente destinada a facilitar a atuação da jurisdição na prevenção de futuro ilícito, e possível dano, com consequências benéficas à integridade de trabalhadores.

Basta imaginar que para a configuração de ilícito, por exemplo, de contato de trabalhadores a determinada substância, cuja lesividade já restou cientificamente consolidada, não será necessário afirmar o dano já acontecido, nem o dolo ou culpa de quem expõe. O ilícito será a mera exposição a essa substância, apta a justificar a busca de tutela inibitória visando a cessação dessa exposição, ou da própria atividade econômica, se for o caso.

3.12. Execução da tutela específica

Como já afirmado, a efetivação, cumprimento ou execução de tutela específica prescinde de requerimento e de procedimento autônomo para acontecer, sistemática do anterior CPC, repetida pelo atual.

Em outras palavras, não se instaura procedimento executivo autônomo e posterior à sentença, mas se adota, de imediato e independentemente de novo pedido do autor, as medidas aptas para efetivar o direito judicialmente reconhecido. Medidas essas, típicas ou atípicas, a serem desenvolvidas nesse item.

Diz o § 1º do art.536 do novo CPC que para atender o cumprimento de tutela específica o juiz poderá determinar a realização de medidas típicas, tais como "imposição

---

(153) Como por exemplo: "RECURSO DE REVISTA — AÇÃO CIVIL PÚBLICA — CONDENAÇÃO DA RÉ EM OBRIGAÇÃO DE NÃO FAZER — CONDUTA REGULARIZADA NO CURSO DO PROCESSO — MULTA COMINATÓRIA — CABIMENTO... Assim é que a superveniente adequação da ré à conduta imposta na sentença, a uma, não a isenta de responder pelo descumprimento de decisão judicial já verificado, porque aqui já se perfez a inadequação processual da conduta da empresa, que em nada se confunde com o acerto ou desacerto de suas práticas econômicas; a duas, não afasta a penalidade abstratamente imposta, uma vez que a adequação atual da conduta da empresa ao comando legal — que, aliás, não foi espontânea, mas resultado da coerção promovida pelo Poder Judiciário, após atuação incisiva do Estado por meio do Ministério do Trabalho e Emprego e do Ministério Público do Trabalho — não pode representar a isenção dos mecanismos de coação estatal a que esta situação regular perdure". Tribunal Superior do Trabalho. 1ª Turma. Processo: RR-107500-26.2007.5.09.0513. Rel. Min. Luiz Philippe Vieira de Mello Filho. DEJT 22.9.2011.

de multa", "busca e apreensão", "remoção de pessoas e coisas", "desfazimento de obras", ou qualquer outra medida atípica apta a efetivar o comanda da decisão.

Portanto, tal qual no anterior art. 461 do velho CPC, a cabeça e o § 1º do art. 536 do NCPC apresentam diversas modalidades de técnicas de efetivação dessas tutelas específicas, meios capazes de viabilizar a prestação dessa tutela.

Trata-se de técnicas executivas[154], de execução indireta e direta, voltadas a compelir o devedor a realizar a prestação devida ou a facilitar a atividade jurisdicional satisfativa.

Como exemplo de medidas de execução ou coerção direta típicas, efetivadas independentemente da vontade do devedor, chamadas de índole inibitória executiva, tem-se a busca e apreensão e o desfazimento de obra, previstas § 1º do art. 536 do NCPC.

Também há medidas de coerção indireta, como a multa (astreinte), que constrange o devedor a realizar a obrigação inadimplida.

Assim, a conjugação dessas técnicas constantes nessas hipóteses legais possibilita a criação de um procedimento executivo apto a conceber "ações adequadas à prestação de várias tutelas (específicas), entre elas a inibitória"[155].

Esses dispositivos representam mera técnica processual e entabulam instrumentos necessários à realização do exercício da tutela. O fundamento substancial dessas obrigações específicas não se encontra plasmado na codificação processual civil, mas no art. 5º, XXXV, da Carta Magna de 1988.

A principal ferramenta executiva da tutela inibitória das lides singulares e coletivas é a imposição de multa (astreinte), medida coercitiva, caracterizada como técnica de execução indireta ou execução por coerção, aplicada tanto às obrigações infungíveis (executadas somente pelo devedor), como para as fungíveis (podem ser realizadas por terceiros[156]).

Como salientado, parcela da doutrina sustenta a possibilidade de utilização, com bastante moderação, também de medidas de coerção direta com capacidade de modificação da realidade fática independentemente da vontade do demandado. Como dito, são chamadas de tutela inibitória executiva direta[157].

Voltando ao principal instrumento executivo dessa modalidade de tutela, o art. 537 do NCPC dispõe que a multa poderá ser "aplicada na fase de conhecimento, em tutela provisória, ou na sentença, ou na fase de execução", desde que se mostre "suficiente e

---

(154) Em sentido diverso, THEODORO JÚNIOR, Humberto. *Processo de execução e cumprimento da sentença*, cit., p. 555.

(155) MARINONI, Luiz Guilherme. *Tutela inibitória (individual e coletiva)*, cit., p. 115.

(156) No mesmo sentido, dentre outros, CARREIRA ALVIM, J. E. *Tutela específica das obrigações de fazer e não fazer na reforma processual*. Belo Horizonte: Del Rey, 1997. p. 176.

(157) Como é chamada por MARINONI, Luiz Guilherme. *Tutela inibitória (individual e coletiva)*, cit., p. 230.

compatível" com a obrigação, e ainda se determine "prazo razoável" para cumprimento do preceito.

O § 1º do art. 537 do CPC afirma a possibilidade de imposição de multa, "de ofício ou a requerimento", bem como a possibilidade de modificação do valor, da periodicidade da multa vincenda, e até da exclusão dessa, desde que constate a insuficiência ou o excesso (inc. I), ou a demonstração do cumprimento parcial superveniente, ou "justa causa" para o descumprimento.

Ficou realçado ainda, superando conflito doutrinário passado, que a multa será sempre revertida ao exequente, conforme disposto no § 2º do citado art. 537.

O § 3º do mesmo dispositivo de lei, releva que a decisão fixando a multa é passível de "cumprimento provisório", devendo o valor permanecer depositado em juízo, permitindo-se o levantamento somente após o trânsito em julgado da sentença favorável à parte (redação do dispositivo alterada pela Lei n. 13.256/2016).

Essa mesma sistemática é aplicada nas ações que tenham por objeto a obrigação de entrega de coisa, conforme previsão no art. 538 do NCPC.

A finalidade da multa em destaque é agir sobre a vontade do obrigado, coagindo-o a cumprir a obrigação pendente, com o fito de eliminar ou reduzir os atropelos e a usual demora característicos das execuções por sub-rogação. Daí a necessidade de ser quantificada em montante capaz de incutir no réu, considerando a capacidade econômica desse ator, a compreensão da melhor viabilidade econômica do cumprimento da ordem jurisdicional[158], ao invés de suportar a execução dessa multa.

Os dispositivos ressaltados formam verdadeiro sistema de realização de medidas executivas em sede de tutela específica nas ações individuais.

Como já focalizado em momento anterior desse trabalho, as astreintes são "medidas coercitivas, de caráter patrimonial, consistente numa condenação em uma quantia determinada por cada dia (ou outra unidade de tempo) de atraso do devedor em cumprir obrigação"[159] específica, estampada em decisão judicial (sentença, acórdão ou decisão interlocutória) ou título executivo extrajudicial, com o fito de exercer real pressão psicológica para induzir o devedor ao cumprimento desse comportamento específico (execução por coerção). No modelo pátrio essa pressão psicológica dá-se ordinariamente por intermédio da imposição de medidas coercitivas civis[160], conforme modelo citado nos preceitos legais mencionados.

A execução por coerção, por não se completar por ato próprio da jurisdição, dependendo do concurso de outros fatores, notadamente por parte do devedor, para realizar a prestação exigida, é equivocadamente chamada por alguns de "execução

---

(158) MARINONI, Luiz Guilherme. *Tutela inibitória (individual e coletiva), cit.*, p. 219.

(159) GUERRA, Marcelo Lima. *Execução indireta, cit.*, p. 108.

(160) A exceção é a coerção penal decorrente da ausência de cumprimento de obrigação pecuniária alimentar (art. 733 do CPC).

imperfeita"[161]. Perfeita ou imperfeita, pouco importa. Trata-se de medida executiva. Distingue-se da via clássica, de quantia, apenas quanto à técnica.

Em relação à multa, como já mencionado, registre-se a necessidade de ser fixada pela jurisdição de tal forma que efetivamente atue sobre a vontade do devedor, sob pena de ser convertida em perdas e danos, conforme disposto no art. 499 do NCPC.

Essa conversão legal ocorrerá se for requerida pelo autor, ou "se impossível a tutela específica ou a obtenção de tutela pelo resultado prático equivalente (art. 499 do NCPC).

Considera-se a multa, além das outras técnicas executivas nominadas no § 1º do art. 536 (disposição similar no § 5º do art. 84 do CDC), como medida executiva típica[162], pois expressamente descrita no dispositivo legal em destaque.

Esse mesmo dispositivo admite a adoção de quaisquer "outras medidas" necessárias para a realização da tutela específica.

Portanto, também se tem configurado modelo de medidas executivas ditas atípicas, pois se destaca verdadeira "ausência de modelo predefinido a ser observado"[163]. Para que o processo possa tutelar adequadamente as infindas situações de direito material, é necessário dar à jurisdição a prerrogativa de determinar a modalidade executiva adequada (nominada ou não) ante o caso concreto.

É a concretização do chamado "princípio da concentração dos poderes de execução do juiz", força no dispositivo em apreço, por intermédio do qual a jurisdição tem o poder de aplicar as "medidas necessárias para que ocorra a efetiva tutela do direito"[164], sem descurar da devida motivação da prática escolhida.

Como já firmado, agora por disposição legal expressa (§ 2º do art. 537), o valor da multa é dirigido ao autor e não ao Estado[165].

3.13. Sentença, acórdão ou decisão interlocutória imediatamente executável

Como já salientado, há determinadas tutelas jurisdicionais que necessitam de atividade ulterior à sentença para produção de efeitos materiais, por essa razão formam os chamados títulos executivos judiciais.

É exatamente o que acontece com as tutelas específicas e pagamento de quantia, nos termos do disposto no art. 515 do NCPC[166].

---

(161) SALLES, Carlos Alberto de. Execução específica e ação civil pública. In: MILARÉ, Édis (Org.). *A ação civil pública após 20 anos*. São Paulo: Revista dos Tribunais, 2005. p. 91.

(162) MEDINA, José Miguel Garcia. *Execução civil*: princípios fundamentais, cit., p. 295.

(163) *Ibidem*, p. 298.

(164) MARINONI, Luiz Guilherme. *Tutela inibitória (individual e coletiva)*, cit., p. 230.

(165) *Ibidem*, p. 222.

(166) "Art. 515, I, a decisões proferidas no processo civil que reconheçam a exigibilidade de obrigação de pagar quantia, de fazer, de não fazer ou de entregar coisa".

Também já ressaltada a distinção da sistemática executória das obrigações específicas em relação às decisões de quantia.

Malgrado tal distinção, ambas admitem, na pendência de recurso não recebido no efeito suspensivo (decisão de eficácia provisória), execução ou cumprimento provisório da decisão de quantia ou de tutela específica nos termos do art. 520 do NCPC, pouco importando se a atividade executória é voltada a impor obrigação de fazer, não fazer e entregar coisa ou "alienar bem penhorado"[167].

Destaque-se que o art. 515, inc. I, do NCPC, estabeleceu corretamente emprego da expressão "decisão" (mudando a redação anterior do artigo correspondente, art. 475-N, I, que empregava a palavra "sentença") de quantia, ou aquelas pertinentes à tutela específica, são títulos executivos extrajudiciais.

O art. 520 do NCPC continua restringindo incorretamente o cumprimento provisório à "sentença". Contudo, deverá ser compreendido de maneira ampla, "no sentido de resolução ou pronunciamento judicial"[168], pois são passíveis de execução ou cumprimento, provisório ou definitivo, sentenças, acórdãos ("julgamento colegiado proferido pelos tribunais, art. 204 do NCPC) e as decisões interlocutórias.

Quanto ao cumprimento provisório de decisões interlocutórias, basta lembrar aquela que impõe obrigação de fazer, em sede de tutela provisória específica, com reflexos patrimoniais, *v. g.*, o custeio por um ente público de um determinado tratamento de saúde não ofertado ordinariamente pelo sistema público.

Aliás, o parágrafo único do art. 297 afirma expressamente que "a efetivação da tutela provisória observará as normas referentes ao cumprimento provisório" de decisão de quantia, "naquilo que couber".

Isto significa que a efetivação de tutela provisória de obrigação de fazer, por exemplo, com possíveis reflexos patrimoniais, observará o regramento do cumprimento provisório de obrigação de pagar disposto no art. 520 do NCPC.

3.14. Novo regramento ao efeito suspensivo no processo civil, com reflexos na sistemática da execução provisória

O NCPC avançou no tocante à restrição do chamado efeito suspensivo atribuído aos recursos.

O efeito suspensivo significa a possibilidade de congelamento de eficácia de decisão em caso de aviamento de recurso no prazo legal estabelecido.

De outra banda, a possibilidade de efeito suspensivo também significa que a "decisão não poderá produzir efeitos senão depois de escoado o prazo recursal"[169], quando a parte deixa de apresentar remédio recursal pertinente.

---

(167) MARINONI, Luiz Guilherme; ARENHART, Sérgio Cruz. *Execução.* v. 3. São Paulo: RT, 2007. p. 351.

(168) ASSIS, Araken de. *Cumprimento da sentença.* Rio de Janeiro: Forense, 2006. p. 142.

(169) ASSIS, Araken de. *Cumprimento da sentença, cit.,* p. 525.

No NCPC houve evolução no tocante à extensão do efeito suspensivo.

No regramento anterior, consoante revogado art. 520, salvo exceções dispostas, a regra geral era o recebimento do recurso no chamado duplo efeito — devolutivo e suspensivo ou obstativo[170], autorizando, via de consequência, a perduração do estado de ineficácia e ausência de executividade até o trânsito em julgado. Portanto, a execução provisória na sistemática anterior seria medida de cunho nitidamente excepcional[171].

O atual art. 995 dispõe expressamente que os recursos "não impedem a eficácia da decisão, salvo disposição legal ou decisão judicial em sentido diverso".

O parágrafo único desse mesmo dispositivo legal afirma que a eficácia de qualquer decisão poderá ser "suspensa por decisão do relator", desde que a imediata executividade dessa decisão possa gerar "risco de dano grave, de difícil ou impossível reparação, e ficar demonstrada a probabilidade de provimento do recurso".

Nesse eito, a primeira hipótese do caput do dispositivo citado descreve ser o efeito suspensivo medida excepcional, a ser atribuído simplesmente por disposição legal. Como é o caso dos recursos de apelação no processo civil, conforme dispõe, por exemplo, o art. 1.012 do NCPC ("A apelação terá efeito suspensivo).

A segunda hipótese diz sobre a possibilidade de o efeito suspensivo ser logrado por decisão monocrática do relator, desde que o recorrente demonstre risco de dano grave ou de difícil reparação, ou, consiga comprovar de imediato "a probabilidade de provimento" da via recursal.

Trata essa segunda hipótese do chamado critério *ope judicis* para declaração de incidência de efeito suspensivo. Significa caber à jurisdição, à luz da peculiaridade do caso posto e dos interesses em questão, definir pela incidência ou não da paralisação da eficácia da decisão recorrida.

Não se cuida propriamente de uma novidade processual, pois a lei da ação civil pública (Lei n. 7.347/1985) já estipulava a possibilidade de a jurisdição, pelo mesmo critério *ope judicis*, conferir (art. 14) "efeito suspensivo aos recursos, para evitar dano irreparável à parte".

3.14.1. Dos efeitos recursais no processo do trabalho, com reflexos sobre a execução provisória

Ao contrário do processo civil que disciplina regramento distinto para execução de títulos judiciais e extrajudiciais, inclusive no NCPC, bem como às obrigações estampadas nesses títulos, o processo do trabalho não faz tal distinção legal.

---

(170) A doutrina salienta que verdadeiramente não se trata de efeito suspensivo da apelação, e sim obstativo, tendo em conta a manutenção do estado de ineficácia da sentença. Nessa linha, vide, dentre outros: MEDINA, José Miguel Garcia. *Execução civil. Princípios fundamentais, cit.*, p. 262; RIBEIRO, Leonardo Ferres da Silva. *Execução provisória no processo civil*. São Paulo: Método, 2006. p. 40.

(171) SILVA, Ovídio Batista da. *Curso de processo civil*. Execução obrigacional, execução real, ações mandamentais. v. 2. 3. ed. São Paulo: RT, 1998. p. 51. Nesse mesmo sentido HOFFMANN, Ricardo. *Execução provisória*. São Paulo: Saraiva, 2004. p. 81.

A CLT disciplina o mesmo procedimento executivo para os títulos judiciais e extrajudiciais, bem como também não faz distinção quanto às obrigações neles estampadas.

Quanto à questão da ineficácia executiva decorrente de efeito suspensivo atribuído a recurso, no processo do trabalho, em face do disposto no art. 899, *caput*, da CLT, não há suspensividade *ex lege* atribuída aos remédios recursais.

Portanto, está previsto no art. 899 da CLT que os recursos, interpostos por "simples" petição, terão efeito "meramente devolutivo" daí porque, ao contrário do processo civil, a realização da execução provisória no processo laboral deve ser regra geral, pois o efeito suspensivo recursal não é *ope legis*, nem muito menos *ope judicis* — decorrente de deliberação judicial em razão das peculiaridades do caso concreto.

Há três exceções ao afirmado no parágrafo anterior. A primeira é a possibilidade de ser alcançado efeito suspensivo por intermédio da interposição de recurso ordinário para atacar acórdão em sede de dissídio coletivo (Lei n. 10.192/2001). A segunda trata da possibilidade extraordinária de se lograr efeito suspensivo por intermédio de ação cautelar incidental, consoante disposto na Súmula n. 414 do Tribunal Superior do Trabalho. A terceira diz acerca de regime específico a incidir nas ações coletivas, conforme apresentado.

A natureza do recurso não é o elemento primordial para se obstar ou deflagrar a execução ou cumprimento provisório. Admite-se, portanto, em sede de recurso ordinário, recurso de revista, agravo de instrumento para destrancar recursos de fundamentação vinculada ou não, recurso extraordinário perante o STF, ou qualquer outra modalidade recursal não submetida a efeito suspensivo *ex legis* ou *ope judicis*, a deflagração da via provisória executiva, seja obrigação de pagar quantia ou relativa à tutela específica.

O processo do trabalho não admite recurso em face de decisão interlocutória, nos termos do § 1º do art. 893 da CLT. Aliás, tal louvável sistemática, ainda não alcançada na seara do processo civil, mesmo com a edição do NCPC.

Em outra oportunidade tal impossibilidade de recurso imediata em face de decisão interlocutória, foi classificada como um dos troncos (os outros dois são: i) postura inquisitorial do Juízo prevista no art. 765 da CLT; ii) a sistemática da execução de ofício prevista no art. 878 da CLT) componentes do que se nominou de "tríade da efetividade"[172] no processo do trabalho.

3.14.2. Peculiaridade do recurso de agravo de petição

Há de se destacar, também, a sistemática própria do recurso de agravo de petição. Nos termos do disposto no § 1º do art. 897 da CLT admite-se apenas a exequibilidade definitiva do montante não objeto da insurreição recursal, motivo pelo qual, de maneira açodada, poder-se-ia compreender a impossibilidade do outro montante objeto da via recursal ser executado provisoriamente. Não é bem assim. A par da existência

---

(172) COSTA, Marcelo Freire Sampaio. *Reflexos da Reforma do CPC no Processo do Trabalho*, cit., p.17.

de notória dissensão doutrinária[173], há pelo menos três argumentos que afastam tal posição doutrinal.

O primeiro destaca que o regramento do citado art. 897 da CLT não se refere à execução provisória, pois a parte incontroversa do julgado será certamente objeto de execução definitiva.

O segundo argumento decorre do novel regramento disposto no parágrafo sexto do art. 525 do NCPC, com incidência no processo do trabalho, que dispõe acerca da atribuição de efeito suspensivo à via impugnatória conforme avaliação da jurisdição (*ope judicis*), desde que "requerido pelo executado", "garantido o juízo com penhora, caução ou depósitos suficientes", em caso de relevância dos fundamentos apresentados, bem como "se o prosseguimento da execução for manifestamente suscetível de causar ao executado grave dano de difícil ou incerta reparação". Portanto, são quatro requisitos exigidos cumulativamente para se obter a interrupção da satisfação do julgado.

Antes bastava apresentar via incidental dos embargos de devedor para lograr imediato e automático efeito suspensivo (*ope legis*). Agora tal efeito suspensivo poderá ou não ser atribuído pelo juízo (o*pe judicis*), a depender das circunstâncias do caso concreto, ou melhor, da verificação conjunta dos quatro requisitos apontados anteriormente.

Conforme já defendido em outra ocasião, tal sistemática é compatível com o processo do trabalho, até porque a CLT em nenhuma ocasião dispõe sobre tal matéria. Logo, nos embargos à execução no processo laboral (art. 884 da CLT) a atribuição do efeito suspensivo será *ope judicis*[174], desde que verificados, cumulativamente, os requisitos já apontados.

Nesse eito, se os embargos à execução na seara processual laboral não detêm a prerrogativa de suspender, *ex lege*, a execução provisória deflagrada, não será o recurso contra ele cabível, no caso o agravo de petição, que irá alcançar tal privilégio.

O derradeiro argumento gira em torno da própria construção de uma novel moldura a ser atribuída à execução provisória na seara laboral voltada à possibilidade, obedecendo-se certos parâmetros, de serem alcançados atos de transferência de patrimônio.

Assim, pode-se resumir singelamente da seguinte maneira: usualmente a sentença trabalhista, estampando obrigações específicas ou de quantia, será imediatamente executável em razão da ausência de efeito suspensivo atribuído pela lei, observando-se limites que serão construídos ao longo do presente trabalho.

3.15. Distinção entre execução definitiva e provisória (fundada em decisão provisória). Execução completa e incompleta

Como visto em momento anterior, o debelar de uma crise de inadimplemento inicia-se com a obtenção de uma decisão meritória acolhedora do pleito do possível credor.

---

(173) Entre os que admitem a execução provisória de montante objeto de recurso de agravo de petição encontra-se, PINTO, José Augusto Rodrigues. *Execução trabalhista, cit.*, p. 417. Dentre os que não admitem está MARTINS, Sérgio Pinto. *Direito processual do trabalho, cit.*, p. 451.

(174) COSTA, Marcelo Freire Sampaio. *Reflexos da reforma do CPC no processo do trabalho, cit.*, p. 131.

Tal provimento, chamado norma jurídica concreta, significa a possibilidade de produção de efeitos concretos no mundo dos fatos.

Porém, tal produção imediata de efeitos, por mera questão de política legislativa, nem sempre tem eficácia no plano real, "no mundo exterior ao processo"[175], pois o sistema jurídico poderá adotar o "princípio de que uma decisão passível de ser executada deva/possa ser reexaminada"[176].

Nesse contexto surge o que o NCPC chama de cumprimento definitivo ou cumprimento provisório do julgado.

Dizia o revogado regramento legal sobre tal assunto (§ 1º do art. 475-I), que é "definitiva a execução da sentença transitada em julgado e provisória quando se tratar de sentença impugnada mediante recurso ao qual não foi atribuído efeito suspensivo".

O NCPC não faz distinção entre execução provisória e definitiva. Apenas registra que, na mesma toada da sistemática anterior, o "cumprimento provisório da sentença impugnada por recurso desprovido de efeito suspensivo será realizado da mesma forma que o cumprimento definitivo" (art. 520).

Portanto, em nenhum momento mais o NCPC utiliza a expressão execução provisória. Agora a sistemática satisfativa foi subdividida entre cumprimento definitivo e cumprimento provisório.

Por uma questão de estilo, e para não cansar o leitor, ainda serão utilizadas as expressões "execução provisória" e "cumprimento provisório", como se fossem sinônimas.

O NCPC repetiu o mesmo erro pretérito ao restringir o cumprimento provisório às sentenças[177], desconsiderando, por exemplo, a possibilidade de decisão interlocutória também ser imediatamente executável (*v. g.*, a que defere pleito antecipatório para arcar com determinado tratamento médico), consubstanciada em obrigação de pagar ou específica[178].

Voltando à distinção entre execução provisória e definitiva, tem-se como particularidade característica daquela "permitir o acesso à tutela jurisdicional executiva quando ainda pendente de confirmação pelo Tribunal a sentença que definiu a norma jurídica individualizada objeto do cumprimento"[179].

---

(175) DINAMARCO, Cândido Rangel. *Instituições de direito processual civil*. São Paulo: Malheiros, 2004. t. 4, p. 54.

(176) ABELHA, Marcelo. *Manual de execução civil, cit.*, p. 38.

(177) Antônio de Pádua Soubhie Nogueira entende não se tratar de erronia legislativa, porque o termo "sentença" foi utilizado para "fins de simplificação", restando claro que tal expressão "equivale ao gênero 'decisão final'". In: *Execução provisória da sentença*. Caracterização, princípios e procedimento. São Paulo: RT, 2005. p. 67.

(178) No mesmo sentido MITIDIERO, Daniel; MARINONI, Luiz Guilherme; ARENHART, Sérgio Cruz. *Novo Curso de Processo Civil*. Vol. 2, *cit.*, p. 524.

(179) ZAVASCKI, Teori Albino. Processo de execução. Parte geral. 3. ed. In: *Coleção Enrico Tullio Liebman*. v. 42. São Paulo: RT, 2004. p. 433.

Em outras palavras haveria verdadeira "antecipação da eficácia executiva da sentença e de outros provimentos jurisdicionais, em obediência ao momento e o grau de maturidade entendido pelo legislador como adequado"[180].

Há, destarte, o desenvolvimento de relações processuais simultâneas e paralelas — a litispendência cognitiva e a execução provisória.

Nesse caso, existem interesses contrapostos. De um lado o exequente já possuidor de decisão meritória (sentença ou decisão interlocutória) favorável à pretensão jurisdicional, busca vê-la cumprida de imediato no plano real, além de tentar inibir o aviamento de medidas recursais "com o propósito de protelar indefinidamente a execução"[181]. Do outro lado o executado pretendendo obstar tal tutela executiva até o julgamento do(s) recurso(s) por ele interposto(s) e o consequente trânsito em julgado da questão. Subjaz inquestionavelmente o conflito da preservação da segurança jurídica *versus* o "reclamo da efetividade dos direitos"[182].

Tal efetividade de direitos, consubstanciada na execução provisória, significa, além de óbvia abreviação do tempo do processo[183], inquestionável "prevenção dos males que essa demora poderá trazer a quem efetivamente tem direito (a presunção é de que o vencedor da causa, em primeiro grau, tenha razão)"[184].

A doutrina hodierna esclarece corretamente que a expressão "execução provisória"[185] é equivocada, pois a provisoriedade não é das medidas dela decorrentes, pois estas provocam efeitos definitivos, mas do ato jurisdicional em que se escora a execução chamada de provisória. A provisoriedade não está na execução, sempre definitiva, mas apenas e tão somente no título que a aparelha[186].

Vejamos sobre essa questão a literalidade dos ensinamentos de Marinoni e Arenhart:

> Contudo, esta expressão (execução provisória) é equivocada. A execução dita provisória não é diferente da execução de sentença já transitada em julgado. Ainda que a execução possa ser limitada e, portanto, incompleta, os atos executivos praticados em virtude de sentença que ainda não foi confirmada pelo tribunal não podem ser chamados de provisórios. Note-se, por

---

(180) CARPI, Federico. *La provvisoria esecutorietà della sentenza.* Milano: Giuffrè, 1979. p. 3 (tradução livre).

(181) ASSIS, Araken de. *Op. cit.*, p. 137.

(182) (117) ZAVASCKI, Teori Albino. *Op. cit.*, p. 434.

(183) Luiz Guilherme Marinoni foi quem primeiro cunhou a expressão "tempo do processo", afirmando que o ônus desse "tempo do processo" não poderia recair unicamente sobre o autor, "como se esse fosse o (único) culpado pela demora ínsita à cognição dos direitos". In: *Tutela antecipatória, julgamento antecipado e execução imediata da sentença.* São Paulo: RT, 1997. p. 18.

(184) NOGUEIRA, Antônio de Pádua Soubhie. *Op. cit.*, p. 71.

(185) Mesma expressão "esecuzione provvisoria" foi consagrada pelo processo italiano (art. 282 do CPC italiano).

(186) No mesmo sentido, dentre tantos outros: CARPI, Federico. *Op. cit.*, p. 6.

exemplo, que a penhora não pode ser chamada de provisória, já que nada virá substituí-la. No caso de "execução provisória" do despejo tudo fica mais claro: mesmo que, no caso da reforma da sentença, coubesse o retorno do locatário ao imóvel, e não apenas a sua indenização (conforme determina o art. 64, § 2º, da Lei n. 8.245/91), a execução poderia ser considerada provisória. Os atos executivos alteram a realidade física e, portanto, não podem ser classificados em provisórios e definitivos.[187]

Portanto, assim como a execução definitiva, a dita provisória também altera a realidade dos fatos, pois os atos executivos praticados em qualquer dessas modalidades são idênticos. A penhora, por exemplo, produz idênticos efeitos em qualquer dessas modalidades.

Nesse eito, não existe distinção estrutural entre execução provisória e definitiva. Ambas são processadas, no que couber, da mesma maneira (art. 475-O, *caput*), com a possibilidade de serem praticados atos de transferência patrimonial, "mas apenas a definitiva não se submete à possibilidade direta e imediata de alteração ou sustação"[188].

Após equacionar-se a questão da nomenclatura da execução provisória (na verdade é execução fundada em decisão provisória, contudo, serão utilizadas indistintamente tais expressões como se fossem idênticas), surge outra diferenciação fundamental ao desenrolar do presente trabalho: execução completa ou incompleta.

Diz-se que a execução é completa quando efetivamente entrega o bem da vida pretendido, ao contrário da incompleta que possui limite ligado à ausência de satisfatividade — da prática de atos que importem alienação do patrimônio do executado.

A doutrina processual vinha firmando incorreta relação entre execução fundada em decisão provisória e execução incompleta, como se tais categorias fossem inseparáveis, tal qual irmãos siameses; ou melhor, como se não fosse possível haver execução de decisão provisória considerada completa, conforme já mencionado em momento anterior. Aliás, o processo do trabalho continua mantendo, como será apresentado posteriormente, tal dogma ainda intacto.

Portanto, a execução fundada em decisão provisória não significa, malgrado essa fosse uma forte tendência em passado recente do processo civil (ainda conservada incólume no processo do trabalho), incompletude de eficácia ou de profundidade. "A provisoriedade da sentença se liga à sua imutabilidade e não à sua eficácia. Uma sentença pode ser provisória ou mutável e levar à realização do direito do autor. Tudo é uma questão de política legislativa"[189].

---

(187) MARINONI, Luiz Guilherme; ARENHART, Sérgio Cruz. *Execução*. v. 3. São Paulo: RT, 2007. p. 358.

(188) CORDEIRO, Wolney de Macedo. A execução provisória trabalhista e as novas perspectivas diante da Lei n. 11.232, de dezembro de 2005. In: *Revista LTr*, ano 71, n. 4, p. 451, abr. 2007.

(189) MARINONI, Luiz Guilherme; ARENHART, Sérgio Cruz. *Op. cit.*, p. 361.

3.15.1. Sistemática no processo do trabalho

A execução provisória no processo do trabalho, como em tantas outras matérias processuais, possui "frugal regulação"[190] em apenas um dispositivo legal (art. 899, *caput*), em que na última parte dele menciona-se o limite de a execução provisória alcançar "até a penhora".

Nesse mesmo dispositivo legal há expressa previsão de que os recursos, interpostos por "simples" petição, terão efeito "meramente devolutivo". Isto significa que, ao contrário do processo civil, a realização da execução provisória no processo laboral é regra geral, pois o efeito suspensivo recursal não é ope legis (decorre da lei).

As exceções são duas, mencionadas novamente. A primeira trata da possibilidade de se alcançar efeito suspensivo por intermédio da interposição de recurso ordinário para atacar acórdão em sede de dissídio coletivo (Lei n. 10.192/2001), conforme salientado em momento anterior. A segunda trata da possibilidade extraordinária de se alcançar efeito suspensivo por intermédio de ação cautelar incidental, consoante disposto na Súmula n. 414 do Tribunal Superior do Trabalho, como visto anteriormente.

As distinções entre execução definitiva e aquela fundada em decisão provisória (execução provisória), assim como a ideia de execução completa e incompleta, consoante tratado em momento anterior, são plenamente aplicáveis ao processo do trabalho.

No processo do trabalho há hipóteses legais de execuções de tutelas específicas fundadas em decisão provisória (sentença, acórdão ou decisão interlocutória objurgadas: a sentença e acórdão por recurso de fundamentação livre ou vinculada, e a decisão interlocutória satisfativa, excepcionalmente, por intermédio do remédio heróico de mandado de segurança) plenamente satisfativas (execuções completas), como a reintegração do dirigente sindical, "afastado, suspenso ou dispensado pelo empregador" (art. 659, X, da CLT), as decisões interlocutórias impondo, *v. g.*, obrigações de fazer à parte adversa no que tange à regularização do meio ambiente de trabalho (construções de banheiros adequados, disponibilização de extintores de incêndio no pátio produtivo, construção de abrigo para proteção dos trabalhadores, fornecimento referente às anotações em carteira de trabalho pela Secretaria da Vara, consoante disposto no art. 39 da CLT, caso o empregador recuse observar tal obrigação.

Nessas hipóteses, portanto, há clara manifestação de satisfação no plano fático, também em decisões provisórias, inclusive com o dispêndio de dinheiro para que tais obrigações específicas sejam realizadas, que por si só demonstra, também no processo do trabalho, que a provisoriedade da sentença, acórdão ou decisão interlocutória liga-se à sua imutabilidade e não à sua eficácia.

Em outros termos, é falso vincular necessariamente, repita-se, tal qual irmãos siameses, a execução provisória (execução fundada em decisão provisória) à execução

---

(190) CORDEIRO, Wolney de Macedo. *A execução provisória trabalhista e as novas perspectivas diante da Lei n. 11.232, de dezembro de 2005, cit.*, p. 451.

incompleta, como se tais expressões fossem sinônimas, principalmente considerando as novéis alterações legais imputadas a essa matéria no processo civil, com inegáveis reflexos ao processo do trabalho, consoante será apreciado em momento posterior.

Em poucas palavras, e para finalizar: é a decisão, e não a execução, que é provisória. E mais, execução de decisão provisória não significa necessariamente incompletude de efeitos. Quando se fala em completude ou incompletude, significa dizer possibilidade ou não de satisfação da pretensão de direito material do exequente.

Capítulo 4

Modelo de Cumprimento Provisório do NCPC Aplicado ao Processo do Trabalho

4.1. À guisa de introito

Ao longo do capítulo anterior separou-se, em itens distintos, a sistemática do processo civil e a do laboral. Tal divisão não será mais realizada.

Como a pretensão do presente trabalho é a verificação da compatibilidade entre a regulação legal do cumprimento provisório do NCPC no processo do trabalho, e levando-se em consideração maior desenvolvimento jurisprudencial e doutrinário dessa disciplina no processo civil, no início da maior parte de cada item desse capítulo se abordará primeiramente o processo civil, depois o processo do trabalho.

Aliás, conforme se vem defendendo desde ao longo do presente, os novos dispositivos legais no NCPC dão a oportunidade de serem construídos também novéis argumentos jurídicos com a potência de confirmarem e conformarem a adequação do modelo de cumprimento provisório do NCPC no processo do trabalho, senão vejamos.

4.2. Do mecanismo de leitura supletiva disposta no NCPC aplicado na fase executiva laboral

A técnica da subsidiariedade disposta no NCPC com aplicação no processo do trabalho já foi bastante explicada até aqui.

Também já restou bem desenvolvida a inquestionável incompletude do modelo executivo provisório do processo do trabalho.

Esse modelo de cumprimento provisório laboral na verdade se restringe a uma frase de singular dispositivo legal, dizendo: "... permitida a execução provisória até a penhora" (art. 899 da CLT).

Portanto, é muito pouco nessa quadra da evolução processual limitar-se uma técnica processual que pode vir a ser bastante proveitosa à eficácia da tutela jurisdicional a uma mera frase de um único dispositivo legal.

Nesse eito, a integração, pela supletividade, da legislação processual laboral executiva pelo NCPC torna-se cada mais necessária, principalmente considerando a pobreza e total falta de potência da execução provisória laboral.

Vale lembrar que a técnica da integração supletiva representa a possibilidade de um microssistema legislativo ser devidamente completado em razão da sua insuficiência e visando a possibilidade desse complemento trazer eficácia a esse sistema imperfeito.

Aliás, a integração executiva do processo laboral pela legislação processual civil por intermédio do mecanismo supletivo, mesmo antes da expressa previsão pelo NCPC, já era uma realidade bem presente no processo laboral.

Ciente desse cenário, passamos a trabalhar especificamente o cumprimento provisório civil aplicado e adaptado ao processo do trabalho.

4.3. Do marco modificador da execução provisória

Como salientado anteriormente, ou a execução provisória possui eficácia satisfativa, daí ser chamada de completa, pois admite, com ou sem prestação de caução[191], até mesmo a expropriação de bens do devedor e levantamento de quantia em dinheiro depositada em juízo, ou serve apenas como "espécie de aparelhamento da execução definitiva"[192], de contorno meramente cautelar[193], visando unicamente a assegurar o resultado útil da demanda principal por intermédio do adiantamento de medidas de "caráter prodômico"[194].

Aponta-se a edição da Lei n. 10.444/2002 como verdadeiro marco evolutivo da execução provisória no processo civil, porque transmudou a natureza jurídica desse modelo de mero instrumento de cores cautelares para conferir capacidade de satisfazer antecipadamente a pretensão material do exequente.

Destacam-se duas alterações daquele diploma legal. A primeira refere-se à ausência de exigência de caução como condição essencial ao início da via executiva provisória, além de terem sido criadas novas hipóteses de dispensa dessa caução. A segunda trata do regramento da execução provisória realizada da mesma maneira que a definitiva, aspecto sedimentado no paradigma atual, consoante já citado, e conforme será também desenvolvido posteriormente.

A Lei de Cumprimento de Sentença (Lei n. 11.232/2005), a par de modificações meramente topológicas (as normas pertinentes à execução provisória previstas anteriormente no art. 588 do CPC foram deslocadas e concentradas no revogado art. 475-O) e alterações redacionais dos dispositivos vetustos, tais como o do parágrafo primeiro do art. 475-I, que reproduziu, parcialmente, o conceito de execução definitiva e provisória

---

(191) A questão da caução será apreciada em breve.

(192) Consoante já sustentado em trabalho anterior. COSTA, Marcelo Freire Sampaio. *Reflexos da reforma do CPC no processo do trabalho*, cit., p. 79.

(193) Nesse sentido CHIOVENDA, Guiseppe. *Instituições de direito processual civil*. São Paulo: Saraiva, 1965. v. 1, p. 272.

(194) RIBEIRO, Leonardo Ferres da Silva. Primeiras considerações a respeito da atual feição da execução provisória com o advento da Lei n. 11.232/2005. In: WAMBIER, Teresa Arruda Alvim (Org.). *Aspectos polêmicos da nova execução de títulos judiciais*. São Paulo: Revista dos Tribunais, 2006. v. 3, p. 418.

havida no revogado art. 587, modificando apenas o enfoque para esclarecer a configuração desta "quando se tratar de sentença impugnada mediante recurso ao qual não foi atribuído efeito suspensivo", também caminhou no sentido da potencialização da efetividade desse instituto, buscando-se, cada vez mais, o viés satisfativo, deixando para trás a concepção meramente acautelatória antes vigente.

O NCPC também caminhou no sentido de potencializar o sistema antes reforma pela legislação citada, agora qualificado de cumprimento provisório, conforme será apresentado ao longo deste estudo.

Os próximos passos serão voltados à apresentação do modelo atual de cumprimento provisório satisfativo do processo civil e depois a sua compatibilidade com o processo do trabalho.

4.4. Do modelo atual da execução provisória

Diz o art. 520 do NCPC o seguinte:

> O cumprimento provisório da sentença impugnada por recurso desprovido de efeito suspensivo será realizado da mesma forma que o cumprimento definitivo, sujeitando-se ao seguinte regime:
>
> I – corre por iniciativa e responsabilidade do exequente, que se obriga, se a sentença for reformada, a reparar os danos que o executado haja sofrido;
>
> II – fica sem efeito, sobrevindo decisão que modifique ou anule a sentença objeto da execução, restituindo-se as partes ao estado anterior e liquidando-se eventuais prejuízos nos mesmos autos;
>
> III – se a sentença objeto de cumprimento provisório for modificada ou anulada apenas em parte, somente nesta ficará sem efeito a execução;
>
> IV – o levantamento de depósito em dinheiro e a prática de atos que importem transferência de posse ou alienação de propriedade ou de outro direito real, ou dos quais possa resultar grave dano ao executado, dependem de caução suficiente e idônea, arbitrada de plano pelo juiz e prestada nos próprios autos.
>
> § 1º No cumprimento provisório da sentença, o executado poderá apresentar impugnação, se quiser, nos termos do art. 525.
>
> § 2º A multa e os honorários a que se refere o § 1º do art. 523 são devidos no cumprimento provisório de sentença condenatória ao pagamento de quantia certa.
>
> § 3º Se o executado comparecer tempestivamente e depositar o valor, com a finalidade de isentar-se da multa, o ato não será havido como incompatível com o recurso por ele interposto.
>
> § 4º A restituição ao estado anterior a que se refere o inciso II não implica o desfazimento da transferência de posse ou da alienação de propriedade ou de outro direito real eventualmente já realizada, ressalvado, sempre, o direito à reparação dos prejuízos causados ao executado.
>
> § 5º Ao cumprimento provisório de sentença que reconheça obrigação de fazer, de não fazer ou de dar coisa aplica-se, no que couber, o disposto neste Capítulo.

Art. 521. A caução prevista no inciso IV do art. 520 poderá ser dispensada nos casos em que:

I – o crédito for de natureza alimentar, independentemente de sua origem;

II – o credor demonstrar situação de necessidade;

III – pender o agravo do art. 1.042; (Redação dada pela Lei n. 13.256, de 2016)

IV – a sentença a ser provisoriamente cumprida estiver em consonância com súmula da jurisprudência do Supremo Tribunal Federal ou do Superior Tribunal de Justiça ou em conformidade com acórdão proferido no julgamento de casos repetitivos.

Parágrafo único. A exigência de caução será mantida quando da dispensa possa resultar manifesto risco de grave dano de difícil ou incerta reparação.

Art. 522. O cumprimento provisório da sentença será requerido por petição dirigida ao juízo competente.

Parágrafo único. Não sendo eletrônicos os autos, a petição será acompanhada de cópias das seguintes peças do processo, cuja autenticidade poderá ser certificada pelo próprio advogado, sob sua responsabilidade pessoal:

I – decisão exequenda;

II – certidão de interposição do recurso não dotado de efeito suspensivo;

III – procurações outorgadas pelas partes;

IV – decisão de habilitação, se for o caso;

V – facultativamente, outras peças processuais consideradas necessárias para demonstrar a existência do crédito.

Fica registrado que a totalidade dos dispositivos transcritos serão objetos de argumentação singular ao longo deste capítulo.

O desafio da presente atualização é o mesmo imposto na primeira edição desta obra, ou seja, reconhecendo desde logo a compatibilidade total desse novel sistema no processo do trabalho desde o anterior CPC[195] — confirmado pelo modelo atual[196], desenvolvê-lo nesta perspectiva processual, rente ao modelo constitucional do processo

---

(195) PELA COMPATIBILIDADE TOTAL DE ACORDO COM O ANTERIOR CPC, BEBBER, Júlio César. *Cumprimento da sentença no processo do trabalho*. São Paulo: LTr, 2006; TEIXEIRA FILHO, Manoel Antonio. As novas leis alterantes do processo civil e sua repercussão no processo do trabalho. In: *Revista LTr*, ano 70, n. 3, p. 292, maio 2006. PELA COMPATIBILIDADE PARCIAL DE ACORDO COM O ANTERIOR CPC, dentre outros: BEZERRA LEITE, Carlos Henrique. *Curso de direito processual do trabalho, cit.*, p. 897; MEIRELES, Edilton; BORGES, Leonardo Dias. A nova execução cível e seus impactos no processo do trabalho. In: *Revista IOB Trabalhista e Previdenciária*, ano XVII, n. 203, p. 27, maio 2006; MALLET, Estêvão. O processo do trabalho e as recentes modificações do Código de Processo Civil. In: *Revista LTr*, v. 70, n. 06, p. 670, jun. 2006.

(196) A produção doutrinária sobre esse assunto é pequena. Menor ainda quanto aos defensores da compatibilidade do modelo cumprimento provisório do NCPC no processo laboral. Como exemplo SCHIAVI, Mauro. *Manual de direito processual do trabalho*. De acordo com o novo CPC, *cit.*, p. 1.151; TOLEDO FILHO, Manoel Carlos. Os poderes do juiz do trabalho face ao novo Código de Processo Civil. In: MIESSA, Élisson. *O novo Código de Processo Civil e seus reflexos no processo do trabalho*. 2. ed. Salvador: JusPodivm, 2016. p. 358;

e aos princípios constitucionais da duração razoável do processo e efetividade da tutela jurisdicional.

Aliás, essa sistemática de cumprimento provisório completo ou satisfativo não é nenhuma novidade no processo do trabalho, considerando que a jurisprudência do TST[197] já vinha reconhecendo, há muito, a compatibilidade do regramento da redação originária do revogado art. 588 do CPC, tratando de execução provisória, no processo laboral.

Os próximos itens buscarão o caminho da adequação do cumprimento provisório civil no processo laboral desde a deflagração até a satisfação da pretensão do exequente.

Esse sistema será explicado em diversos itens, tais como distinções de nomenclatura, sistemática da caução e sua dispensabilidade, responsabilidade objetiva e retorno das partes ao estado anterior, deflagração, requerimento e autenticação de peças, cabimento da multa do § 1º do art. 523 do NCPC, a possibilidade de penhora de dinheiro em cumprimento provisório etc. A maioria desses itens será iniciado com a transcrição legal pertinente, devidamente confrontada com o processo laboral.

Nos capítulos anteriores vinha-se utilizando as expressões "cumprimento" e "execução" como se fossem sinônimas. A partir deste momento será considerada, primordialmente, a nomenclatura escolhida pelo NCPC, cumprimento definitivo e cumprimento provisório

Com efeito, como já mencionado, quer seja o cumprimento aparelhado por título judicial ou extrajudicial, quando houver recurso, atacando sentença, acórdão ou decisão interlocutória[198], recebido somente no efeito devolutivo ou não suspensivo, tal cumprimento será classificado como provisório, tal como diz o art. 520 do NCPC.

4.5. Distinções necessárias entre as expressões "cumprimento provisório", "cumprimento definitivo"

Diz a cabeça do art. 520 do NCPC:

"O cumprimento provisório da sentença impugnada por recurso desprovido de efeito suspensivo será realizado da mesma forma que o cumprimento definitivo."

Portanto, fica clara a ausência de diferença estrutural entre o cumprimento provisório e o cumprimento definitivo. Ambos são processados "da mesma forma", inclusive com a possibilidade, como será defendido mais à frente, de serem praticados idênticos atos de transferência patrimonial.

A única dessemelhança seria a ausência de possibilidade ordinária de alteração ou sustação da modalidade de cumprimento definitivo[199], considerando se tratar de decisão passada em julgado.

---

(197) *Vide*, dentre outros, Acórdão SBDI2. PROC. N. TST-ROMS-10.042/2004-000-22-00.0.

(198) Cumprimento provisório de acórdão, sentença e decisão interlocutória é corroborada pela doutrina de ASSIS, Araken de. *Op. cit.*, p. 151.

(199) Nesse sentido temos CORDEIRO, Wolney de Macedo. *A execução provisória trabalhista e as novas perspectivas diante da Lei n. 11.232, de dezembro de 2005, cit.*, p. 451.

Assim, não é o cumprimento que é provisório, mas sim a decisão que o embasa[200], uma vez que pode vir a ser modificada em razão de êxito recursal. Portanto, pode-se dizer que a decisão é mutável inobstante eficaz.

Nesse eito, a expressão "execução provisória" (agora qualificado no NCPC de cumprimento provisório), a par dessa grafia também ser utilizada em outros países[201], pode ser compreendida de maneira equivocada, pois a provisoriedade não é das medidas dela decorrentes, porque estas também provocam efeitos definitivos, conforme salientado anteriormente, mas do ato jurisdicional em que se escora a execução chamada de provisória.

Logo, repetindo mais uma vez, a provisoriedade não está nos atos emanados da execução, porque estes sempre possuem eficácia definitiva, não importando em qual momento são praticados, mas apenas e tão somente no título ou na decisão que o aparelha[202].

Destarte, os atos de cumprimento praticados nessa seara não podem ser qualificados de provisórios porque "alteram a realidade física"[203] e fática da mesma maneira que o fariam se fossem praticados em sede de decisão transitada em julgado; além de não serem substituídos por outros já em sede definitiva. Portanto não há distinção entre eles; são idênticos e geram os mesmos efeitos.

A penhora é um exemplo palmar do citado nos parágrafos anteriores. Significará, em sede de cumprimento provisório ou definitivo, a provável "apreensão física de bens (móveis) do executado para satisfação do julgado"[204].

A hipoteca judiciária também é um desses exemplos, conforme previsão disposta no art. 495 do NCPC[205]. Tal mecanismo representa a criação de um óbice importante ao desbaratamento do patrimônio do devedor, visando ao efetivo cumprimento da decisão. É necessária medida de ordem pública[206]. Pode ser decretada de ofício pela jurisdição, independentemente do trânsito em julgado da decisão.

Repita-se. A hipoteca judiciária, seja em cumprimento provisório ou definitivo, gerará efeitos e consequências idênticas.

---

(200) BARBOSA, Andrea Carla. *Op. cit.*, p. 101.

(201) Expressão "esecuzione provvisoria" foi consagrada pelo processo italiano (art. 282 do CPC italiano). Sobre a execução provisória no direito estrangeiro vide, dentre outros, HOFFMANN, Ricardo. *Op. cit.*, p. 66-75.

(202) No mesmo sentido, dentre tantos outros: CARPI, Federico. *Op. cit.*, p. 6.

(203) MARINONI, Luiz Guilherme; ARENHART, Sérgio Cruz. *Curso de processo civil:* execução, cit., v. 3, p. 358.

(204) MANUS, Pedro Paulo Teixeira. *Op. cit.*, p. 66.

(205) Sobre esse assunto, vide com proveito, MIESSA, Elisson. Hipoteca judiciária e protesto da decisão judicial no NCPC e seus impactos no processo do trabalho. In: MIESSA, Elisson (Org.). *O novo Código de Processo Civil e seus reflexos no processo do Trabalho*. 2. ed. Salvador: JusPodivm, 2016. p. 755-773.

(206) Contra tal medida confira SILVA, Fabio Luiz Pereira da. Necessária revisão da aplicabilidade da hipoteca judiciária no processo do trabalho. *Revista LTr*, São Paulo, ano 75, n. 8, p. 959-962, ago. 2011.

Aliás, a jurisprudência do TST é forte nessa linha, senão vejamos:

> HIPOTECA JUDICIÁRIA EM EXECUÇÃO PROVISÓRIA. A jurisprudência dominante no âmbito desta Corte é no sentido de que a hipoteca judiciária em execução provisória pode ser decretada de ofício pelo juiz. Precedentes: TST-AIRR-955/2004-103-03-40.4, rel. Min. Lelio Bentes Corrêa, 1ª Turma, DJ de 24.2.2006; TST-AIRR-1.517/2005-017-03-40.9, rel. Min. Simpliciano Fernandes, 2ª Turma, DJ de 27.4.2007; TST-RR-1.601/2008-020-03-00.3, rel. Min. Alberto Bresciani, 3ª Turma, DJ de 6.11.2009; TST-RR-1.048/2005-105-03-00.1, rel. Min. Barros Levenhagen, 4ª Turma, DJ de 5.10.2007. Incidência da Súmula n. 333 do TST, não havendo se falar em divergência jurisprudencial ou em violação dos preceitos legais e constitucionais apontados como vulnerados. Recurso de Revista não conhecido[207].

Voltando à questão da nomenclatura, a mais adequada seria, em vez do agora adotado cumprimento provisório, cumprimento fundado em decisão provisória[208]. Pouco importa. Será privilegiada a nomenclatura legal atual, **cumprimento provisório**.

O próximo passo é firmar diferenciação entre cumprimento completo ou cumprimento incompleto.

4.5.1. Cumprimento provisório incompleto e cumprimento provisório completo

Diz-se que o cumprimento é provisório completo quando efetivamente entrega o bem da vida pretendido, ao contrário do incompleto que possui limite ligado à ausência de satisfatividade.

Veja-se que o § 1º do art. 520 apresenta a possibilidade de efetivação do aqui chamado cumprimento provisório completo, pois afirma a possibilidade de "levantamento de depósito em dinheiro" e práticas de atos que importem "transferência de posse" ou "alienação de propriedade" ou de qualquer "outro direito real", todos esses atos vinculados ao regime de caução, a ser estudado em momento oportuno.

Portanto, o cumprimento provisório completo produz "efeitos concretos mesmo quando pendente de exame recurso pelas instâncias *ad quem*[209]".

Assim, a possibilidade de reforma de decisão que justifica o cumprimento satisfativo não pode restringir a sua eficácia.

Possível mutabilidade não significa necessariamente ausência de eficácia e completude, podendo levar à total satisfação do julgado. São dois fenômenos totalmente distintos, a merecer tratamento também diferente.

---

(207) Tribunal Superior do Trabalho. 8ª Turma. Proc. RR - 99400-57.2009.5.03.0100. Rel. Min. Carlos Alberto Reis de Paula. DEJT 8.4.2011.

(208) Cf. COSTA, Marcelo Freire Sampaio. *Execução provisória no processo do trabalho*. São Paulo: LTr, 2007. p. 57. Nessa mesma linha, SHIMURA, Sérgio. *Título executivo*. São Paulo: Saraiva, 1997. p. 121.

(209) BARBOSA, Andrea Carla. *Op. cit.*, p. 101.

Como bem esclarece a doutrina, corroborando o defendido até aqui:

> "A provisoriedade da sentença se liga à sua imutabilidade e não à sua eficácia. Uma sentença pode ser provisória ou mutável e levar à realização do direito do autor."[210]

Essas são balizas definidas pela política legislativa. No direito italiano, por exemplo, o cumprimento provisório completo é uma decorrência automática, ou *ope legis,* da sentença. Essa eficácia pode ser suspensa, "normalmente em grau de recurso, quando se vislumbrar a possibilidade de danos graves ou irreparáveis ao recurso"[211].

No direito espanhol a execução provisória tem minucioso e acertado regramento legal, bem similar ao direito brasileiro (art. 524 até art. 537, da *Ley de Enjuiciamiento Civil,* de 2000).

O cumprimento provisório completo, como nos exemplos destacados do direito estrangeiro, deve ser a regra.

Acórdão, sentença ou até mesmo decisão interlocutória, não pode ser mero projeto de decisão eficaz. Deve possuir a capacidade de efetivamente realizar direitos, mudar a realidade dos fatos, principalmente no cenário do processual laboral onde há ordinária disparidade de capacidade econômica entre réu e autor, em que o credor trabalhista tem um crédito alimentar cuja satisfação não pode esperar.

A parte possuidora de um pronunciamento jurisdicional que lhe é vantajoso, ainda não definitivo, já mereceria uma posição processual mais favorável[212], não somente um simulacro de eficácia.

Como dito, é tudo uma questão de política legislativa. Contudo, quando a legislação de um país abraça a oportunidade do cumprimento provisório de índole satisfativa, os benefícios carreados à efetivação na entrega da tutela jurisdicional são inquestionáveis.

Ou se valorizam e prestigiam os julgamentos de primeiro grau, e também os acórdãos de segundo grau objetos de recursos, em benefício da efetividade do processo[213], como parece ser no direito italiano e espanhol, à vista dos modelos legais citados, ou se abraça uma tendência excessivamente restritiva à efetividade, como vem ocorrendo no processo do trabalho, infelizmente com a ampla chancela da jurisprudência, consoante será apresentado em momento oportuno.

As "certezas", "probabilidades" e os "riscos"[214] da demora do processo não podem ser imputados unicamente ao credor hipossuficiente do processo laboral, que deve esperar o trânsito em julgado da decisão para ter seu direito concretizado.

---

(210) MARINONI, Luiz Guilherme; ARENHART, Sérgio Cruz. *Curso de processo civil:* execução, cit., v. 3, p. 361

(211) No mesmo sentido, MARINONI, Luiz Guilherme. *Técnica processual e tutela dos direitos,* cit., p. 48.

(212) Neste mesmo sentido, SILVA, Antônio Álvares da. *Execução provisória trabalhista depois da reforma do CPC.* São Paulo: LTr, 2007. p. 29.

(213) Nesse mesmo sentido temos LUCON, Paulo Henrique dos Santos. *Eficácia das decisões e execução provisória.* São Paulo: Revista dos Tribunais, 2000. p. 132.

(214) "Na disciplina da execução provisória manifesta-se com clareza a ideia do processo civil como um sistema de *certezas, probabilidade e riscos*. Não só de certezas vive o processo. Cabe ao legislador, e

O devedor, autor da irresignação recursal, também deve assumir seu quinhão nesses riscos e incertezas, quando existe a possibilidade do cumprimento provisório completo ter seu cenário totalmente modificado em razão de uma reversão de sucumbência.

O ônus do "tempo do processo"[215] e o irrefragável dano marginal[216] dele decorrente, não podem ser suportados unicamente pelo credor, pois devem ser isonomicamente repartidos pelas partes litigantes, principalmente se já existe uma afirmação jurisdicional daquele direito, se o crédito é de natureza alimentar e se há usual disparidade econômica entre credor e devedor, como é o caso do processo do trabalho.

A ausência de cumprimento imediato na pendência de recurso oposto pelo réu não pode deixá-lo "completamente livre de riscos"[217]. Seria (e, de fato, é) um sistema desequilibrado!

Também parece óbvio, de outra banda, que o cumprimento provisório completo ou satisfativo ostenta uma capacidade de produzir inegáveis prejuízos em caso de reversão de sucumbência.

O devedor acaba transformando-se em credor. Daí a necessidade de serem criadas balizas em que se possibilite a busca pelo retorno das partes a um estado anterior a prática dos atos satisfativos derivados desse cumprimento satisfativo, aqui dito completo, consoante será apresentado ao longo deste capítulo. Esses balizamentos servem fundamentalmente para manter o equilíbrio do sistema.

4.6. Módulo processual autônomo de cumprimento iniciado pela previsão de multa do § 1º do art. 523 do NCPC, distinto da fase de realização de atos expropriatórios estatais

O presente item serve para justificar a posição autônoma da multa prevista no § 1º do art. 523 do NCPC, visando o devido encaixe nos passos iniciais do módulo processual de cumprimento provisório laboral. O cabimento dessa multa será estudado posteriormente.

Antes de tratar da instauração do cumprimento provisório, importante ressaltar distinção entre o processo civil e o laboral que vem sendo realizada ao longo do presente.

---

também ao juiz, dimensionar as probabilidades de acerto e os riscos de erro, expondo-se racionalmente a estes, mas deixando atrás de si as portas abertas para a reparação de erros eventualmente cometidos. A execução provisória é em si mesma um risco, que a lei mitiga ao exigir cauções em situações razoáveis, com vista a deixar o caminho aberto à reparação de possíveis erros". DINAMARCO, Cândido Rangel. *A reforma da reforma*. 3. ed. São Paulo: Malheiros, 2002. p. 255.

(215) Essa expressão parece ter sido criada por MARINONI, Luiz Guilherme. *Tutela antecipatória, julgamento antecipado e execução imediata da sentença*. 5. ed. São Paulo: Revista dos Tribunais, 2002. p. 26-27.

(216) Expressão parece ter sido concebida por TUCCI, José Rogério Cruz e. *Tempo e processo:* uma análise empírica das repercussões do tempo na fenomenologia processual (civil e penal). São Paulo: RT, 1997. p. 113.

(217) MARINONI, Luiz Guilherme; DIDIER JÚNIOR, Fredie. *A segunda etapa da reforma processual civil*. São Paulo: Malheiros, 2002. p. 13.

O cumprimento ou a satisfação definitiva do julgado, sem a incidência da multa de dez por cento sobre o valor da condenação, prevista no citado § 1º do art. 523 do NCPC, deverá ser objeto de requerimento pelo interessado no processo civil, conforme disposto no § 1º do art. 513 do NCPC.

Como visto, essa multa de dez por cento será acrescida após a ausência de cumprimento dito voluntário pelo devedor, conforme previsão no dispositivo legal citado.

O cumprimento provisório no processo civil também depende de requerimento do exequente, pois, conforme dispõe o citado § 1º do art. 513, bem como o art. 520, I, o cumprimento provisório "far-se-á requerimento do exequente" e "corre por iniciativa e responsabilidade" deste.

Portanto, pode-se compreender no processo civil, tanto em relação ao cumprimento definitivo como no provisório, que os atos executivos estatais são posteriores ao módulo procedimental autônomo do possível cumprimento dito voluntário realizado sem a adição da multa do parágrafo primeiro do art. 523, contudo, ainda dependendo de requerimento do interessado em qualquer situação.

No processo do trabalho a questão assume outro significado.

Primeiro, o cumprimento definitivo prescinde de requerimento do interessado, conforme já mencionado anteriormente, ante o disposto no art. 878 da CLT.

Portanto, o cumprimento definitivo, com ou sem a adição da multa legal de dez por cento, para as obrigações de pagar ou específicas, no processo do trabalho, prescinde de requerimento do interessado.

Suficiente intimar-se pessoalmente o executado por carta registrada munida de aviso de recebimento, ou o advogado constituído, da sentença liquidada, para satisfação do julgado, obedecendo as formas de comunicação dispostas no § 2º do art. 513 do NCPC.

Consoante apreciado anteriormente, no processo do trabalho, assim como no processo civil, o cumprimento definitivo sem a citada multa encontra-se em módulo procedimental autônomo e distinto do momento em que o Estado passa a adotar medidas voltadas (execução direita) à satisfação do julgado sem a participação do devedor, daí a possibilidade de encaixar a aplicação dessa multa no processo laboral[218] em razão dessa separação procedimental.

Basta o módulo processual de satisfação do julgado (dita voluntária) ser visualizado como momento executivo imediatamente anterior ao regramento disposto no art. 880 da CLT e seguintes.

Portanto, quando se confere o prazo de 48 horas para pagamento ou garantia da execução conforme art. 880 da CLT, já deverá ter sido incluído na conta final do valor devido o percentual da multa, em razão do inadimplemento anterior do devedor, considerando a existência de momento processual distinto, específico e pretérito voltado à satisfação do julgado sem o acréscimo dessa multa.

---

(218) Em sentido similar SCHIAVI, Mauro. *Manual de direito processual do trabalho, cit.*, p. 1.153.

4.7. Instauração do cumprimento provisório no processo do trabalho

Sabe-se que no processo do trabalho, em regra, a execução definitiva pode (e deve) acontecer por incoação do Juízo.

A natural indagação seria a possibilidade de essa prerrogativa abranger também a execução provisória, pois, naturalmente, quem poderia o mais (a execução definitiva), também poderia o menos (a execução provisória).

Tal questão não merece ser tratada com essa simplicidade. A razão é bem simples. Como visto em momento anterior, e conforme ainda será repisado posteriormente, o cumprimento provisório, principalmente no processo civil, deixou de ser classificado como mero instrumento cautelar de preparação à realização da execução definitiva, convolando-se em verdadeira antecipação satisfativa do bem da vida pretendido, observando-se as salvaguardas exigidas por essa modalidade, conforme será apresentado oportunamente[219].

E essa característica satisfativa também vem sendo defendida nesta ocasião para o processo laboral, daí a incongruência de se estabelecer premissas diferentes ao processo civil e do trabalho quando, na verdade, busca-se a aproximação pelo viés da potência satisfativa para esses dois ramos processuais.

Nesse caminho, tal satisfação determinada de ofício pela jurisdição poderá trazer prejuízos ao exequente que assumiu o risco de deflagrar os atos executivos em fase provisória, portanto, havendo ainda decisão pendente de recurso e passível de ser reformada[220].

Nesse caso, o interessado poderá, por uma questão de estratégia processual, simplesmente optar por aguardar decisão definitiva, transitada em julgado, ou até mesmo protelar o início do cumprimento provisório para depois da apreciação da questão pela segunda instância (*v. g.*, executar provisoriamente apenas na pendência de recurso extraordinário ou recurso de revista), compreendendo que as chances de reversão do quadro processual existentes mínguam consideravelmente após confirmação da decisão colegiada do segundo grau de jurisdição, principalmente porque não haverá mais a possibilidade de reexame de questões fáticas e provas (Súmula n. 126 do TST).

Portanto, cumprimento provisório de cunho satisfativo no processo do trabalho, como assim deve ser considerado, não pode ser deflagrado de ofício pela jurisdição[221], sob pena de a União arcar com possíveis prejuízos havidos ao executado em caso de reversão da sucumbência dessa decisão provisória executada.

---

(219) Nesse sentido, utilizando argumentos distintos, vide TEIXEIRA FILHO, Manoel Antonio. *Execução no processo do trabalho*. 5. ed. São Paulo: LTr, 1995. p. 189.

(220) Em sentido similar manifesta-se MORI, Amaury Haruo. Execução trabalhista. In: SANTOS, José Aparecido dos (Coord.). *Execução trabalhista:* homenagem aos 30 anos da AMATRA IX. São Paulo: LTr, 2008. p. 697.

(221) Nesse sentido, dentre outros: BEBBER, Júlio César. *Op. cit.*, p. 85.

O cumprimento provisório trabalhista deve ser compreendido como completo, isto é, execução de decisão provisória, porém de efeitos definitivos, a ser devidamente provocado pelo interessado.

Por todas essas razões, cumprimento provisório no processo laboral, com ou sem a incidência da multa do § 1º do art. 523 do NCPC, somente deverá ser deflagrado por provocação do interessado, malgrado o cumprimento definitivo poder ser iniciado de ofício pela jurisdição.

O próximo passo será trabalhar o cabimento dessa multa do § 1º do art. 523 do NCPC no processo laboral, principalmente considerando que, como já defendido, tal multa deflagra o momento inaugural da fase de cumprimento, provisório ou definitivo, no processual civil e no laboral.

4.8. Compatibilidade da multa do § 1º do art. 523 ao cumprimento provisório

A multa do § 1º do art. 523 já foi abordada em diversos momentos ao longo do presente trabalho, contudo, há dois aspectos inovadores sobre esse tema trazidos pelo NCPC a serem abordados: o cabimento em sede de execução provisória, o depósito e a compatibilidade recursal.

Como já ressaltado em diversas ocasiões ao longo do presente, o § 1º do art. 523 impôs multa — *ope legis* — no percentual de 10%, acrescido ao montante originário da condenação em pecúnia (sentença ou acórdão de quantia), caso o executado não cumpra o julgado no prazo de quinze dias.

Também já salientado ter essa medida caráter também punitivo, devendo ser fixada nos dispositivos de sentenças ou acórdãos[222].

Como também afirmado anteriormente, merece ser considerada como marco inicial da fase de cumprimento executivo, provisório ou definitivo, do processo laboral,

Já foi apontado o cabimento desse instituto em sede de execução definitiva no processo laboral clássico, inobstante a cizânia doutrinária e o rechaço jurisprudencial também já mencionado.

O desafio que se apresenta nesta ocasião será compatibilizar a incidência dessa multa em sede de cumprimento provisório no processo do trabalho.

Na vigência do anterior CPC houve nítida bifurcação das vozes doutrinária acerca da incidência dessa multa em sede de cumprimento de decisão provisória.

Aqueles que a rechaçavam afirmavam que a deflagração da execução provisória seria escolha do credor, que poderia "preferir não usar tal faculdade"[223]. Já a imposição

---

(222) Em sentido similar SCHIAVI, Mauro. *Manual de direito processual do trabalho*. De acordo com o novo CPC, *cit.*, p. 1153.

(223) Cf. dentre outros, SANTOS, Ernane Fidélis dos. *As reformas de 2005 e 2006 do Código de Processo Civil*. 2. ed. São Paulo: Saraiva, 2006. p. 57; GARCIA, Gustavo Filipe Barbosa. *Terceira fase da reforma do Código de Processo Civil*. São Paulo: Método, 2006. p. 52.

da multa de 10% (dez por cento) pela jurisdição independeria de pedido do exequente, portanto, tais institutos não seriam compatíveis.

Também foi argumentado, por aqueles defensores da impossibilidade do cabimento dessa multa em cumprimento provisório de decisão de quantia, que tal conduta acarretaria a desistência tácita e consequente aquiescência do executado quanto à obrigação de pagar estampada no provimento jurisdicional, hipótese, portanto, de verdadeira preclusão lógica[224].

Os acólitos da incidência dessa multa no sítio executivo provisório destacavam, como visto anteriormente, que provisório é o título (provimento jurisdicional) que aparelha a execução, mas os atos processuais dele emanados possuem idênticas consequências materiais em relação aos praticados em sede definitiva, pois tal sistemática também logrará atingir eficácia plenamente satisfativa, verdadeira execução imediata ou antecipada, podendo até mesmo ser realizada sem a exigência da contracautela (caução), respeitando-se os balizamentos do modelo legal da execução interinal, consoante apresentado em momento anterior[225].

Além disso, como dizia a cabeça do art. 475-O do anterior CPC, a execução provisória do provimento jurisdicional far-se-ia, quando couber, "do mesmo modo que a definitiva", não havendo na moldura legislativa dessa modalidade executiva qualquer regra afastando a incidência dessa multa[226].

Essa controvérsia foi devidamente sepultada pelo NCPC, servindo os posicionamentos apontados apenas como mero registro histórico.

Com efeito, dispõe os § 2º e § 3º do art. 523 o seguinte:

> § 2º A multa e os honorários a que se refere o § 1º do art. 523 são devidos no cumprimento provisório de sentença condenatória ao pagamento de quantia certa.
>
> § 3º Se o executado comparecer tempestivamente e depositar o valor, com a finalidade de isentar-se da multa, o ato não será havido como incompatível com o recurso por ele interposto.

Portanto, o citado § 2º dispõe expressamente sobre o cabimento dessa multa no "cumprimento provisório de sentença condenatória ao pagamento de quantia certa".

---

(224) "Observe-se que, se o provimento judicial a que se refere o art. 475-J deve ser aquele que transitou em julgado, não se admitindo a regra da imposição da multa para execuções provisórias (provimentos condenatórios não transitados em julgado), sob pena de se colocar o devedor em um beco sem saída, ou seja, se pagar espontaneamente, há a preclusão lógica e, portanto, desistência tácita dos recursos excepcionais interpostos; por outro lado, se não pagar e optar pela interposição dos recursos, se sujeitará à penalidade de 10% sobre o valor da condenação, mesmo sabendo que o sistema lhe permitirá impugnar o provimento mediante recurso." (grifo nosso). ABELHA, Marcelo. *Manual de execução civil, cit.*, p. 313.

(225) Nesse sentido, dentre outros, BUENO, Cassio Scarpinella. *A nova etapa da reforma do Código de Processo civil, cit.*, v. 1, p. 76.

(226) Nesse sentido temos MONNERAT, Fábio Victor da Fonte. Sistemática atual da execução provisória. In: BUENO, Cassio Scarpinella; WAMBIER, Teresa Alvim (Orgs.). *Aspectos polêmicos da nova execução*. São Paulo: Revista dos Tribunais, 2008. v. 4, p. 190.

Como dito, a citada arenga acadêmica merece ficar apenas como registro histórico, considerando agora a expressa previsão legal de cabimento da multa em sede de cumprimento provisório de sentença condenatória de quantia.

Também o argumento da suposta "preclusão lógica" decorrente do cumprimento provisório da decisão merece apenas destaque na história do processo, pois o transcrito § 3º afirma expressamente que o depósito do valor, pelo executado, visando a isenção de multa, não é ato "incompatível" com o recurso a ser ou já interposto pelo interessado.

Como registrado na edição inaugural dessa obra, aqui ainda valendo, o executado é exortado para satisfazer imediatamente, mesmo que provisoriamente, a obrigação de pagar, "porque é obrigado para tanto e não porque o quer"[227] fazê-lo espontaneamente.

Realização voluntária não significa a mesma coisa que a imposição de uma técnica de execução indireta coercitiva buscando a satisfação do julgado. São figuras totalmente díspares. Inobstante a redação legal do dispositivo afirme, de forma incorreta, como já apreciado, tratar-se de pagamento "voluntário".

Logo o depósito dessa multa não poderia ser considerado ato incompatível com a pretensão recursal. Bom que a legislação agora reconheça plenamente tal argumentação.

A interpretação mais consentânea ao modelo constitucional de efetividade processual defendido até o momento é aquela em que o transcurso do prazo de quinze dias para pagamento, sob pena da fixação da multa de 10% (dez por cento), deverá ser considerado o estágio inaugural, deflagrado por intermédio de uma técnica coercitiva de execução indireta, de uma fase satisfativa ou de cumprimento da obrigação de pagar estampada na decisão condenatória no processo laboral, corroborando o fortalecimento e conferindo a devida magnitude às decisões lavradas principalmente em primeiro grau de jurisdição.

Sobre o fortalecimento a ser emprestado às decisões monocráticas, vale a seguinte transcrição literal:

> Nesse sentido, trecho escrito por Cassio Scarpinella Bueno merece transcrição literal: "Insisto nesta última observação: ao emprestar para a execução provisória o mesmo modelo executivo das sentenças já transitadas em julgado, é importante ter consciência de que disto decorre um fortalecimento necessário e consequente do juízo de primeiro grau de jurisdição, quando a hipótese for de apelação recebida sem efeito suspensivo, e dos próprios tribunais de segundo grau de jurisdição, quando a hipótese for de tramitação dos recursos especial e extraordinário. É importante que a força executiva da sentença e dos acórdãos (adicione-se os provimentos interlocutórios), mesmo quando eles dependam, ainda, de ulterior deliberação em sede recursal, seja reconhecida e acatado pelo devedor... Pensamento diverso teria o

---

(227) BUENO, Cassio. Variações sobre a multa do caput do art. 475-J do CPC na redação da Lei n. 11.232/2005. In: WAMBIER, Teresa Arruda Alvim (Org.). *Aspectos polêmicos da nova execução de títulos judiciais*. São Paulo: Revista dos Tribunais, 2006, v. 3, p. 153.

condão de neutralizar ou, quando menos, reduzir o espectro da eficácia reconhecida às decisões jurisdicionais — inclusive quando comparada com a eficácia reconhecida às decisões proferidas com base em cognição mais reduzida, ainda em casos de urgência —, diretriz que vai de encontro às conquistas mais recentes do direito brasileiro, no plano constitucional e no plano infraconstitucional"[228].

A fluência do prazo para satisfação sob pena de incidência da multa em exame, mesmo em sede de cumprimento provisório, exige a verificação de três requisitos simultâneos.

O primeiro diz acerca da exequibilidade, exigibilidade ou aptidão da decisão para produzir efeitos imediatos que implica tal incidência[229].

O segundo trata da exigência de requerimento pelo credor.

O terceiro diz sobre a intimação pessoal do devedor para cumprir tal decisão[230].

Aliás, todos esses três requisitos simultâneos são aplicados no processo laboral.

Vale a transcrição, pela lucidez, de trecho doutrinal ratificador da posição agora reconhecida pela legislação, ainda na constância do anterior CPC, senão vejamos:

> Pode-se objetar que a aplicação da multa em execução provisória é excessiva e gravosa ao devedor. Não penso assim. Há muito que se clama por efetividade processual, mas esta jamais terá lugar enquanto a decisão de primeiro grau for apenas um ritual de passagem, pouco se podendo fazer até sua confirmação. Precisamos avançar numa interpretação conforme a Constituição, que nos permita prestigiar as decisões judiciais, todas elas. Isso não somente reduzirá o número de recursos, mas elevará substancialmente a qualidade das tutelas jurisdicionais. A imposição da multa na execução provisória, além de necessária, não implica esvaziamento da execução, pois o art. 475-O, nomeadamente seu § 2º, estabelece os limites de liberação de crédito sem caução, quadro que costumamos encontrar na jurisdição trabalhista. Cabe ao juiz, em seu prudente arbítrio, examinar, diante do caso concreto, a oportunidade e a abrangência da liberação do crédito constritado do patrimônio do devedor em execução provisória, observando, em todo caso, a equidade, que deve presidir a atividade jurisdicional[231].

---

(228) BUENO, Cassio Scarpinella. *Variações sobre a multa do* caput *do art. 475-J do CPC na redação da Lei n. 11.232/2005, cit.*, v. 3, p. 157-158.

(229) No mesmo sentido tem-se, dentre outros, CÂMARA, Alexandre Freitas. *A nova execução de sentença*. Rio de Janeiro: Lumen Juris, 2006. p. 116.

(230) O projeto de lei de execuções trabalhistas admite, acertadamente, que a intimação para cumprimento de decisão seja realizada "por qualquer meio idôneo", "pela via eletrônica ou postal", inclusive na pessoa do advogado do devedor (§ 1º, art. 879-A).

(231) CHAVES, Luciano Athayde. *Estudos de direito processual*. São Paulo: LTr, 2009. p. 238.

De fato, não há motivos para afastar a incidência da multa em destaque em sede de execução provisória de decisão de quantia no processo laboral, por todas as razões já apresentadas anteriormente.

Além disso, há duas peculiaridades nessa vertente processual que reforçam ainda mais tal exigência legal.

A primeira diz acerca da ausência de efeito suspensivo *ope legis* dos recursos (art. 899 da CLT) no processo laboral. Sistemática bem distinta do processo civil em que o efeito suspensivo da apelação ainda é regra na vigência do NCPC, conforme dispõe expressamente o art. 1.012 do NCP ("A apelação terá efeito suspensivo"), impossibilitando o início do cumprimento provisório enquanto tal recurso de fundamentação livre não for julgado.

O efeito suspensivo no processo do trabalho, consoante salientado em momento anterior, somente será obtido extraordinariamente em sede cautelar, conforme disposto na última parte do primeiro item da Súmula n. 414 do Tribunal Superior do Trabalho, e na hipótese da Lei n. 10.192/2001.

Significa a possibilidade de se iniciar o cumprimento provisório por intermédio da intimação pessoal do executado para pagamento dito voluntário no prazo de quinze dias, caso o credor tenha interesse em deflagrar desde logo essa fase de cumprimento, sob pena de acréscimo na condenação de multa de 10% (dez por cento).

Outra peculiaridade mais óbvia da execução laboral destaca a premência da necessidade de satisfação do crédito vindicado em razão da sua natureza alimentar, ou decorrer de ato ilícito, como acontece com as ações acidentárias, cada vez mais recorrentes no foro laboral, justificando, portanto, a busca de mecanismos hábeis à promoção da satisfação da pretensão jurisdicional com a maior exiguidade possível, justamente o móvel do instituto em questão.

Como já ressaltado em momento anterior, o § 1º do art. 523 fixou multa no percentual de 10%, acrescido ao montante originário da condenação em pecúnia (sentença de quantia), caso o executado não realize o cumprimento "voluntário" do julgado no prazo de quinze dias.

Também já salientado ter essa medida também natureza de caráter punitivo, por conta da ausência de adimplemento espontâneo no prazo de quinze dias, e independentemente de requerimento do interessado.

Da mesma forma apontado, que no processo do trabalho a aplicação da citada multa foi devidamente situada numa fase inaugural de cumprimento do julgado pelo devedor imediatamente anterior à deflagração dos atos executórios expropriatórios, isto é, momento anterior ao regramento disposto no art. 880 e ss. da CLT. Daí porque a discussão pertinente à possível adequação (leia-se redução para o prazo de quarenta e oito horas ou oito dias) do prazo desse dispositivo legal cairia por terra, considerando o posicionamento próprio, no iter procedimental, desse módulo processual de cumprimento.

Nesse eito, não há dúvidas, portanto, que a multa do §1 do art. 523 do NCPC é plenamente aplicável em sede de cumprimento provisório no processo laboral.

O próximo desafio será verificar a sistemática da caução e sua dispensa no cumprimento provisório laboral.

4.9. Sistemática da caução e a sua dispensabilidade

4.9.1. Previsão legal

O Regramento da caução e sua dispensa está previsto em dois dispositivos legais no NCPC (art. 520, IV e art. 521).

O inc. IV do art. 520 prevê as seguintes hipóteses de exigência de caução:

— o levantamento de depósito em dinheiro e a prática de atos que importem transferência de posse ou alienação de propriedade ou de outro direito real, ou dos quais possa resultar grave dano ao executado, dependem de caução suficiente e idônea, arbitrada de plano pelo juiz e prestada nos próprios autos.

Já o art. 521 trata de dispensa de caução da seguinte maneira:

A caução prevista no inciso IV do art. 520 poderá ser dispensada nos casos em que:

I – o crédito for de natureza alimentar, independentemente de sua origem;

II – o credor demonstrar situação de necessidade;

III – pender o agravo fundado nos incisos II e III do art. 1.042;

III – pender o agravo do art. 1.042; (Redação dada pela Lei n. 13.256, de 2016) (Vigência)

IV – a sentença a ser provisoriamente cumprida estiver em consonância com súmula da jurisprudência do Supremo Tribunal Federal ou do Superior Tribunal de Justiça ou em conformidade com acórdão proferido no julgamento de casos repetitivos.

Parágrafo único. A exigência de caução será mantida quando da dispensa possa resultar manifesto risco de grave dano de difícil ou incerta reparação.

O sistema do NCPC é objetivo, adequado e de fácil compreensão. Inicialmente apresenta hipóteses de exigência de caução. Em outro dispositivo legal, por sua vez, elenca casos de dispensa dessa exigência.

4.9.2. Considerações gerais

Prestar caução[232] significa garantir o interesse do executado em razão do risco processual decorrente da prática de atos satisfativos (levantamento de depósito em dinheiro, atos que importem alienação de propriedade, ou qualquer outro direito real, transferência de posse, ou qualquer outro de cunho satisfativo capaz de causar "grave

---

(232) "Caução sf. 1. cautela, precaução. 2. Garantia, segurança. 3. Depósito feito em garantia de pagamento futuro, ou de cumprimento de contrato...". FERREIRA, Aurélio Buarque de Holanda. *Miniaurélio*. 6. ed. Curitiba: Posigraf, 2004. p. 220.

dano ao executado"), atuando tal prática "como elemento de compensação e equilíbrio de riscos"[233], verdadeira "cautela da cautela ou simplesmente contra-cautela"[234].

Confere ao executado provisoriamente a garantia de que, na hipótese de eventual alteração do provimento jurisdicional justificador da execução, possível será a "restituição das coisas ao status quo ante"[235].

Portanto, a prestação da caução tem por finalidade criar uma garantia ou salvaguarda de que o ressarcimento decorrente da inversão da sucumbência efetivamente ocorra.

A suficiência e idoneidade dessa caução significa a possibilidade de assegurar ao devedor executado a integral reparação pelos danos causados com a iniciativa de executar provisoriamente adotada pelo exequente; a pretensão a um verdadeiro retorno ao estado fático anterior ao litígio.

O inc. II do art. 520 do NCPC ratifica exatamente essa posição. Afirma que sobrevindo decisão modificadora do objeto executado, as partes deverão ser restituídas ao estado anterior, inclusive com liquidação de "eventuais prejuízos no mesmo auto".

Contudo, essa restituição ao estado anterior, conforme muito bem ressaltado pelo inovador § 4º do art. 520 do NCPC, esclarece que não significa o "desfazimento da transferência de posse ou da alienação de propriedade" ou de outro direito real já realizado, mas se trata de efetivamente reparar os prejuízos causados ao executado.

Portanto, os atos judiciais já realizados de transferência patrimonial, legalmente amparados pela jurisdição em decorrência do cumprimento provisório, não serão objetos de desfazimento, ainda que alterado o título executivo objeto desse cumprimento.

Deverá ser privilegiada a segurança do terceiro que adquiriu legalmente esse bem objeto de cumprimento provisório.

A reparação patrimonial dos prejuízos a serem apurados nos próprios autos deverá acontecer entre os litigantes, não atingindo terceiro que realizou ato jurídico amparado em ato jurisdicional.

Voltando à caução nada mais é do que um instituto de natureza cautelar[236] que visa a resguardar o resultado útil do provimento principal. Nesse caso tal resultado útil está relacionado com a possibilidade de o exequente provisório causar graves prejuízos ao executado antes do trânsito em julgado da lide.

---

(233) DINAMARCO, Cândido Rangel. *A reforma da reforma*, cit., p. 258.

(234) LUCON, Paulo Henrique dos Santos. *Op. cit.*, p. 414.

(235) BUENO, Cassio Scarpinella. *Execução provisória e antecipação da tutela*: dinâmica do efeito suspensivo da apelação e da execução provisória: conserto para a efetividade do processo. São Paulo: Saraiva, 1999. p. 115.

(236) Nesse mesmo sentido, dentre outros: BEDAQUE, José Roberto dos Santos. *Tutela cautelar e tutela antecipada: tutelas sumárias e de urgência (tentativa de sistematização)*. 3. ed. São Paulo: Malheiros, 2003. p. 198; RIBEIRO, Leonardo Ferres da Silva. *Execução provisória no processo civil*, cit., p. 194.

O regime da exigência de caução é uma decorrência natural da possibilidade surgida inicialmente por intermédio da Lei n. 10.444/2002 que permitiu a prática de atos satisfativos (entrega do bem da vida vindicado em sede jurisdicional), tais como o levantamento de dinheiro[237], quando ainda houvesse recurso a ser apreciado, e a consequente possibilidade desse provimento jurisdicional (sentença, acórdão ou decisão interlocutória) ser reformado.

Havia no processo civil antes da edição da Lei n. 11.232/ 2005 acirradas cizânias doutrinárias e jurisprudenciais acerca do momento em que tal caução deveria ser prestada (se desde a deflagração da via executiva provisória, ou no momento em que fosse vislumbrada a efetiva possibilidade de dano), forma da prestação dessa caução (apresentada ou não nos próprios autos da execução, sem maiores formalidades), além da obrigatoriedade ou não, em determinados casos específicos, da prestação dessa contracautela[238].

A clareza redacional do inciso III do art. 475-O do anterior CPC, confirmado pelo atual inc. IV do art. 520 do NCPC arrefeceu por completo tais discussões.

A caução deverá ser "suficiente" e "idônea". Arbitrada "de plano pelo juiz" e "prestada nos próprios autos".

4.9.3. Hipóteses de exigência de caução e sua compatibilidade com o processo do trabalho

Como mencionado, o inc. IV do NCPC estabelece a seguinte regra geral objetiva, que pode ser subdividida, para melhor compreensão, acerca da exigência de caução:

— o levantamento de depósito em dinheiro e a prática de qualquer ato que importe transferência de posse, alienação de propriedade ou de qualquer outro direito real depende de caução suficiente e idônea arbitrada pelo juízo e prestada nos próprios autos.

— a prática de qualquer ato que possa resultar "grave dano ao executado" depende de caução suficiente e idônea arbitrada pelo juízo e prestada nos próprios autos.

Portanto essa subdivisão aqui realizada de um único dispositivo legal aponta duas situações distintas.

A primeira hipótese delimita situações objetivamente, independentes das peculiaridades do caso concreto. Assim, o levantamento de dinheiro e a prática de atos de transferência ou alienação patrimonial (de posse, propriedade ou qualquer outro direito real) estão sujeitas a caução prévia e idônea.

---

(237) Como bem ressalta Cândido Rangel Dinamarco, o levantamento de dinheiro "é extraordinariamente perigoso para este, porque o dinheiro voa e depois fica muito difícil, senão impossível, reavê-lo em caso de execução desfeita". In: *A reforma da reforma, cit.*, p. 257.

(238) *Vide* a apresentação dessas controvérsias, em sede doutrinária e jurisprudencial, no ambiente processual civil, com bastante proveito, em HOFFMANN, Ricardo. *Op. cit.*, p. 104-115.

Nesses casos, portanto, salvo se preenchidas as hipóteses de dispensa de caução — a ser trabalhada no próximo item, exige-se a contracautela prévia à realização da entrega do bem da vida ao exequente de título de eficácia provisória.

Já a outra hipótese, prevendo caução genericamente às situações que possam oferecer grave dano ao executado, verdadeira "norma de encerramento"[239], caracteriza-se como um "critério *ope judicis*"[240], cabendo à jurisdição, à luz da peculiaridade do caso posto e dos interesses em questão, definir pela exigência ou não da contracautela.

Tal norma de encerramento significa que o levantamento de dinheiro e a prática de atos que importem em transferência de posse, alienação de propriedade ou qualquer outro direito real são meramente exemplificativos, pois a prática de qualquer outro ato que puder significar "grave dano ao executado" exigirá a prestação de caução arbitrada de ofício pelo Juízo.

De forma mais direta: a prática de qualquer ato satisfativo em sede de cumprimento provisório que puder significar grave dano ao executado, inclusive o levantamento de depósito de dinheiro e a prática de atos que importem alienação de propriedade, ensejará a exigência de caução suficiente e idônea prestada nos próprios autos e arbitrada de plano pelo Juízo. Esse é o regramento do processo civil.

O desafio agora será verificar a compatibilidade desse regramento com o processo do trabalho.

Com efeito, parte da doutrina argumentava, ainda na vigência do CPC anterior, acerca da impossibilidade de tal exigência, pois o credor sendo, na generalidade dos casos, o empregado, não teria condições de arcar com o dispêndio patrimonial da caução[241], significando, portanto, verdadeiro cerceamento da prerrogativa da incoação do cumprimento provisório.

Talvez não seja o argumento mais substancioso, mais vale lembrar a impossibilidade de imprimir o critério da hipossuficiência na generalidade de reclamantes-empregados (na verdade, ex-empregados) quando se sabe que a alteração do art. 114 da Constituição Federal de 1988 por intermédio da Emenda Constitucional n. 45/2004, mais precisamente do inciso primeiro (ações oriundas da relação de trabalho...), admitirá aviamento de demandas por trabalhadores, não necessariamente empregados, *v. g.*, por profissionais liberais, nem muito menos subsumidos à classe dos hipossuficientes[242]. Mas esse argumento, como dito, não é o mais forte.

A admissão da hipótese de execução completa de título provisório, conforme defendido em momento pretérito, significa a possibilidade de serem realizados atos satisfativos em sede provisória no processo do trabalho, motivo pelo qual fundamental

---

(239) DINAMARCO, Cândido Rangel. *A reforma da reforma, cit.*, p. 257.
(240) RIBEIRO, Leonardo Ferres da Silva. *Execução provisório no processo civil, cit.*, p. 201.
(241) Cf., dentre outros: TEIXEIRA FILHO, Manoel Antonio. *Op. cit.*, p. 188.
(242) De maneira similar BEZERRA LEITE, Carlos Henrique. *Curso de direito processual do trabalho, cit.*, p. 896.

ofertar-se garantia de ressarcimento ao executado, caso essa decisão consiga ser revertida posteriormente.

Portanto, a exigência de caução representa mera consequência da aplicação do modelo de cumprimento provisório satisfativo no processo laboral defendido até aqui.

Ademais, como também afirmado, o cumprimento provisório deverá ser deflagrado pelo interessado, que, para tanto, deverá oferecer contracautela à pretensão de antecipação do bem vindicado[243].

Mister, no próximo passo, apreciar hipóteses de dispensa da caução, além da possibilidade de compatibilidade desse regramento com o processo do trabalho.

4.9.4. Dispensa da caução e sua compatibilidade com o processo do trabalho

A dispensa de caução significa o reconhecimento pelo legislador que, em determinados casos, mesmo havendo a prática de atos satisfativos na pendência de julgamento de recurso, tal garantia deve ser dispensada "nos casos nos quais se trate de propiciar ao credor, com rapidez, um mínimo patrimonial indispensável à vida decente"[244].

O NCPC ampliou e alterou as hipóteses de dispensa de caução, inclusive inserindo hipótese geral de avaliação pela jurisdição (ope judicis) sobre a viabilidade ou não de exigência dessa contracautela.

Há quatro hipóteses objetivas para dispensa de caução, dispostas nos incs. I, II, III, IV, do art. 521, que serão avaliadas de per si.

A primeira (inc. I) dispõe acerca da dispensa da prestação da garantia nos casos de crédito de natureza alimentar, "independente de sua origem".

No passado essa dispensa de garantia estava limitada ao valor de sessenta salários mínimos, desde que o exequente demonstrasse situação de necessidade.

Esse teto não existe mais.

Agora a dispensa poderá acontecer desde que o crédito seja "de natureza alimentar", independentemente de sua origem.

Portanto, parece que esse dispositivo legal foi concebido visando atingir o universo processual laboral.

A segunda hipótese (inc. II) agora trata especificamente da demonstração de "situação de necessidade" pelo devedor.

---

(243) Nesse sentido, dentre outros: CHAVES, Luciano Athayde. *A recente reforma no processo comum*. Reflexos no direito judiciário do trabalho, cit., p. 47; BEZERRA LEITE, Carlos Henrique. *Curso de direito processual do trabalho*, cit., p. 897; SCHIAVI, Mauro. *Manual de direito processual do trabalho*. De acordo com o novo CPC, *cit.*, p. 733.

(244) DINAMARCO, Cândido Rangel. *A reforma da reforma*, cit., p. 258.

Como já afirmado na primeira edição deste trabalho, "situação de necessidade" significa a inevitabilidade de o exequente dispor daquele quantum disputado na jurisdição para sobreviver.

Alterando posição sustentada anteriormente, não basta apenas ao exequente afirmar unilateralmente a situação de necessidade, tal qual se daria com o benefício da assistência judiciária gratuita[245] (art. 4º da Lei n. 1.060/1950), bem como na hipótese da OJ SBDI-1 n. 304[246]. Portanto, não é suficiente a mera afirmação ou declaração expressa de situação de necessidade, cabendo à parte adversa provar o contrário.

No caso em tela, a dispensa da caução, não importando o valor vindicado, exige a demonstração (o dispositivo apresenta o verbo "demonstrar"), comprovação probatória suficiente de que o interessado vivencia real "situação de necessidade". Por exemplo, pode comprovar desemprego, contas vencidas, inscrição em órgãos de proteção ao crédito, bem como as dificuldades naturais advindas dessa desfavorável situação econômica para sustento próprio e de sua família.

Essa hipótese cabe como luva no processo do trabalho em razão da natureza alimentar do crédito trabalhista, e, primordialmente, por conta da — via de regra — real situação de necessidade do exequente.

Aliás, há recente precedente do TST, ainda na vigência do anterior CPC, e na *vacatio* do NCPC, afastando a aplicação geral do revogado art. 475-O, porém, estabeleceu regra excetiva para incidência da satisfação do credor em caso de comprovada situação de necessidade, bem como utilizando por analogia hipóteses de movimentação de FGTS em caso de doença grave. Vejamos:

AUTORIZAÇÃO PARA LEVANTAMENTO DOS DEPÓSITOS RECURSAIS. Art. 475-O DO CPC DE 1973 (ART. 521, II, DO CPC DE 2015). DOENÇA GRAVE. A SBDI-1, por ocasião do julgamento do TST-E-ED-RR 34500-47.2007.5.03.0064, relatora a Ministra Maria Cristina Irigoyen Peduzzi, em sessão realizada no dia 17.2.2011, por maioria, concluiu pela inaplicabilidade do art. 475-O do CPC nesta Justiça Especializada. Ressalte-se, porém, que da decisão da SBDI-1 extrai-se ter havido clara sinalização quanto a compreender somente se justificar tal aplicação subsidiária do CPC se revelado o estado de necessidade do credor de salários, ou seja, não se poderia presumir de forma absoluta o estado de necessidade do obreiro, a dispensá-lo da exigência de caução prévia para o levantamento do depósito. Assim, para aplicar a exceção contida no § 2º, inciso I, do art. 475-O do CPC de 1973, no tocante à dispensa de caução para o levantamento de importância de até sessenta salários mínimos, cujos créditos têm natureza alimentar, ou são decorrentes de ato ilícito, é imprescindível o provimento jurisdicional, bem como a necessária demonstração pelo reclamante do seu real estado de necessidade, ou seja, naqueles casos de doença grave previstos em lei. Ressalte-se, ainda, estar esse entendimento em consonância com a tendência atual do legislador, o qual, alterando o art. 20 da Lei n. 8.036/1990, acrescentou os incisos XI,

---

(245) Neste sentido HOFFMANN, Ricardo. *Op. cit.*, p. 133.

(246) Atendidos os requisitos da Lei n. 1.060/1950 (art. 14, § 2º), para a concessão da assistência judiciária, basta a simples afirmação do declarante ou de seu advogado, na petição inicial, para considerar configurada sua situação econômica (art. 4º, § 1º, da Lei n. 7.510/1986, que deu nova redação à Lei n. 1.060/1950). Nesse sentido BEBBER, Julio César. *Op. cit.*, p. 93.

XIII e XIV, autorizando a movimentação da conta vinculada do FGTS nos casos de doença grave. Tal interpretação busca conferir efetivo acesso dos cidadãos aos meios necessários à dignidade da pessoa humana e ao exercício da cidadania, que constituem fundamentos constitucionais (art. 1º, II e III, da Constituição Federal). Essa tendência foi acompanhada pelo CPC de 2015, em face do disposto no inciso II do art. 521, o qual permite a dispensa da caução para o levantamento de depósito em dinheiro nos casos em que o credor demonstrar situação de necessidade. No caso concreto, o reclamante comprovou estar acometido de doença grave, prevista, inclusive, nas Leis ns. 12.008/2009 e 8.036/1990 (art. 20). Nesse contexto, cabível a aplicação do art. 475-O do CPC de 1973, vigente na data da publicação do acórdão recorrido (correspondente ao art. 521, II, do CPC de 2015). Recurso de revista não conhecido[247].

Portanto, inobstante a diretiva geral afastando a aplicação geral do modelo de cumprimento provisório satisfativo, foi estabelecida regra exceptiva voltada à dispensa de caução em caso de comprovada situação de necessidade do credor, conforme previsão do art. 521, II, do NCPC.

A terceira hipótese (inc. III) também consagra caso autônomo de dispensa de caução. Trata da pendência de agravo contra decisão monocrática de presidente ou de vice-presidente de tribunal em situações envolvendo trancamento de recurso especial e extraordinário.

Tal hipótese albergada pelo legislador carrega a ideia, mencionada anteriormente, de que os recursos de índole extraordinária possuem remotas chances de sucesso[248] após a decisão que deixou de admiti-los no Tribunal de origem, motivo pelo qual, desde que a pendência desse recurso não detenha a capacidade de apontar risco de grave dano, de difícil ou incerta reparação, dispensa-se a caução.

Possível obviamente adaptar tal dispositivo ao processo do trabalho, desde que se leia agravo para destrancar recurso extraordinário para o STF ou para destrancar recurso de revista obstado no originário juízo de admissibilidade.

Dessa feita, possível ao exequente alcançar satisfação, ainda na pendência desse recurso, considerando, repita-se, as ínfimas chances de reversão da situação processual posta.

Aliás, pode o exequente aguardar tal momento processual de trancamento de recurso de índole extraordinária, para deflagrar o cumprimento provisório.

A última hipótese (inc. IV) tem a seguinte redação:

"A sentença a ser provisoriamente cumprida estiver em consonância com súmula da jurisprudência do Supremo Tribunal Federal ou do Superior Tribunal de Justiça ou em conformidade com acórdão proferido em julgamento de casos repetitivos."

---

(247) Tribunal Superior do Trabalho. 6ª Turma. Proc. RR - 73100-46.2009.5.03.0007. Rel. Min. Augusto César Leite de Carvalho. DEJT 17/06/2016.

(248) Nesse sentido MARINONI, Luiz Guilherme; ARENHART, Sérgio Cruz. *Execução*. v. 3. São Paulo: RT, 2007. p. 363.

Trata-se também de modalidade autônoma de exigência de caução em consonância com o chamado modelo de precedentes judiciais proveniente do *common law* adotado pelo NCPC.

Óbvio que não é este o espaço para desenvolver com profundidade essa vasta matéria[249]. Basta que se conceitue precedente como decisão judicial cujo elemento normativo deverá servir como diretriz para "julgamento posterior de casos análogos"[250].

A hipótese de dispensa de caução em apreço está em consonância com o regime previsto no art. 927 do NCPC, contudo, restou incompleta, pois este dispositivo do NCPC é mais abrangente.

O citado art. 927 afirma que os juízes e tribunais deverão observar as seguintes decisões:

— as decisões do Supremo Tribunal Federal em controle concentrado de constitucionalidade;

— os enunciados de súmula vinculante;

— os acórdãos em incidente de assunção de competência ou de resolução de demandas repetitivas e em julgamento de recursos extraordinário e especial repetitivos;

— os enunciados das súmulas do Supremo Tribunal Federal em matéria constitucional e do Superior Tribunal de Justiça em matéria infraconstitucional;

— a orientação do plenário ou do órgão especial aos quais estiverem vinculados.

Portanto, cada uma dessas hipóteses normativas seria mais do que suficiente para justificar a dispensa de caução.

A compatibilidade do regime de precedentes do NCPC, o processo do trabalho e as hipóteses legais de dispensa de caução também são inquestionáveis.

Aliás, a Lei n. 13.015/2014, portanto anterior ao NCPC, já sinalizava com a aproximação do processo do trabalho com a teoria dos precedentes ao disciplinar o chamado julgamento serial (ou por amostragem), incluindo nos arts. 896-B e 896-C da CLT o recurso de revista repetitivo, acompanhando o que já estava previsto no âmbito dos recursos extraordinário e especial.

Portanto, a proposição de dispensa de caução em apreço deverá ser adaptada ao processo do trabalho às decisões do Tribunal Superior do Trabalho, inclusive aquelas proferidas em recurso de revista repetitivo.

---

(249) Sobre esse assunto, vide, entre tantos, CASTELO, Jorge Pinheiro. O regime de precedentes no novo CPC e reflexos no processo do trabalho. In: *Revista LTr*, ano 80, n. 2, p. 140-154, fev. 2016; MIESSA, Élisson. Nova realidade: teoria dos precedentes judiciais e sua incidência no processo do trabalho. In: *O Novo Código de Processo Civil e seus Reflexos no Processo do Trabalho*. 2. ed. Salvador: JusPodivm, 2016. p. 1053-1106.

(250) DIDIER JR., Fredie; BRAGA, Paulo Sarno; OLIVEIRA, Rafael Alexandria de. *Curso de direito processual civil*: teoria da prova, direito probatório, decisão, precedente, coisa julgada e tutela provisória. Vol. 2. 10. ed. Salvador: JusPodivm, 2015. p. 441.

Ainda inobstante as críticas já lançadas à Instrução Normativa n. 39, editada pelo Tribunal Superior do Trabalho, esse diploma andou bem ao reconhecer e tentar integrar ao processo do trabalho o regime de precedentes, conforme disposto no art. 3º, XXIII (compatibilidade com processo do trabalho dos art. 926 a 928 do NCPC) dessa instrução.

Parte da doutrina laboral corrobora acertadamente a compatibilização do art. 521 do NCPC com o processo do trabalho, considerando a "relevante função social da execução trabalhista e do caráter alimentar do crédito trabalhista"[251].

Vale lembrar, caminhando para o final deste item, que parágrafo primeiro do art. 521 apresenta ampla cláusula de encerramento ao dispor sobre a manutenção de exigência de caução, inobstante o possível encaixe perfeito nas citadas hipóteses de dispensa, quando tal dispensa puder "resultar manifesto risco de grave dano de difícil ou incerta reparação".

Nesse eito, deverá a jurisdição avaliar o possível risco manifesto de gravo dano de difícil ou incerto reparação para acolher ou rejeitar a prestação de caução, conforme as nuances fáticas apontadas pelo caso concreto, motivando devidamente o caminho escolhido, pela exigência ou não dessa caução.

Há críticas doutrinárias a esse dispositivo afirmando a excessiva abrangência voltada à proteção do executado, enquanto que em relação ao exequente foram previstas hipóteses objetivas voltadas à garantia à subsistência digna do credor[252].

Não me parecem corretas tais críticas. O modelo de salvaguardas voltadas ao exequente e executado, com criação de critério amplo *ope judicis* de avaliação sobre a necessidade de exigência de caução, mostra-se adequado a uma fase procedimental executiva, inobstante com potência amplificada pela realização do direito, sujeita a reversão de sucumbência.

O próximo item trabalhará o instituto da responsabilidade objetiva aplicada ao cumprimento provisório.

4.10. Responsabilidade objetiva

O dispositivo legal que regra o presente item é o seguinte:

> "Art. 520, I: corre por iniciativa e responsabilidade do exequente, que se obriga, se a sentença for reformada, a reparar os danos que o executado haja sofrido".

Remanesce equívoco redacional havido desde o regramento originário desse instituto, qual seja, diz-se acerca da modificação da "sentença" objeto do cumprimento provisório, quando se sabe que também as decisões interlocutórias e acórdãos também são objeto de cumprimento[253], consoante apreciado em momento pretérito.

---

(251) SCHIAVI, Mauro. *Manual de direito processual do trabalho*. De acordo com o novo CPC, *cit.*, p. 1095.

(252) Cf. NEVES, Daniel Amorim Assunção. *Manual de direito processual civil*. Volume único. 8. ed. Salvador: JusPodivm, 2016. p. 1089.

(253) Araken de Assis, a luz da sistemática anterior: "À incidência do art. 475-O, I, e, conseguintemente, ao nascimento do dever de indenizar bastará, ante a natureza da responsabilidade, a reforma do provimento (sentença, decisão ou acórdão) em que se fundou a execução". *Op. cit.*, p. 151.

O modelo atual repete regime anterior, ou seja, o risco é atribuído ao credor, acarretando a responsabilidade patrimonial deste em caso de provimento do recurso pendente, nos termos do dispositivo legal transcrito. Tal responsabilidade é objetiva.

Trata-se, portanto, de hipótese de responsabilidade objetiva do credor, geralmente o empregado, que, ao requerer a deflagração do cumprimento provisório, obriga-se a reparar os danos (materiais, extrapatrimoniais e processuais) sofridos pelo executado, no caso de reversão da decisão justificadora desse cumprimento.

Inobstante a "redobrada cautela"[254] da jurisdição ao permitir a deflagração do cumprimento provisório, em razão das parcas possibilidades econômicas do exequente, na maioria das vezes enfrentando as dificuldades ocasionadas pelo desemprego, a realização de atos satisfativos em sede de cumprimento provisório poderá (em algumas vezes situações deverá) efetivar-se, daí a construção dessa verdadeira rede de proteção do anterior devedor, transmudado em credor.

A teoria do risco, justificadora da chamada responsabilidade objetiva[255], define que todo aquele praticante de determinada atividade cria "um risco de dano para terceiro e deve ser obrigado a repará-lo, ainda que a sua conduta se afaste da culpa"[256].

Em outras palavras, a reparação da lesão, em determinados casos, passaria a exigir apenas e tão somente a constatação da existência do prejuízo e o nexo com a conduta do agente, desvinculando-se do elemento subjetivo — dolo ou culpa em sentido estrito.

A codificação civil de 1916, fortemente influenciada pelo Direito francês, adotou o elemento volitivo (dolo ou culpa em sentido estrito) como fundamento[257] da responsabilidade civil (art. 159).

Já o Código Civil de 2002 afastou a orientação do diploma revogado e consagrou expressamente a teoria do risco, entabulando, ao lado da responsabilidade subjetiva, também a objetiva, conforme previsão expressa do parágrafo único do art. 927.

Voltando à sistemática da responsabilidade objetiva incidente sobre o regime de cumprimento provisório, tal modalidade de reparação mostra-se inteiramente pertinente, como já ressaltando, porque o exequente criou, ao deflagrar por sua iniciativa essa via

---

(254) SANTOS, Enoque Ribeiro dos. *Responsabilidade objetiva e subjetiva do empregador em face do Novo Código Civil*. São Paulo: LTr, 2007. p. 221.

(255) "... o certo é que foram os franceses os divulgadores da teoria objetiva, devendo ao seu trabalho de sistematização o impulso tomado pela teoria de Salleiles e Josserand, vultos dos mais expressivos da ciência jurídica, foram os precursores da teoria do risco, nome com que se assentou na literatura francesa a ordem de ideias afins das defendidas pelos autores alemães.." DIAS, José de Aguiar. *Da responsabilidade civil*. 6. ed. Rio de Janeiro: Forense, 1995. p. 57.

(256) VIEIRA, Patrícia Ribeiro Serra. *A responsabilidade civil objetiva no direito de danos*. Rio de Janeiro: Forense, 2005. p. 67.

(257) "O direito pátrio baseia na culpa a responsabilidade delitual. Nenhuma dúvida se pode ter, com a leitura do art. 159, do Código Civil, de que aceitou a teoria subjetivista." GOMES, Orlando. *Obrigações*. 8. ed. Rio de Janeiro: Forense, 1992. p. 344.

provisória, risco de dano à parte adversa, e esse dano materializou-se no momento da reforma da decisão executada, "porque o executado nada fez para provocar o dano, nem se encontrava em posição de impedi-lo"[258].

Considerando os balizamentos inovadores colados na sistemática de cumprimento provisório do processo do trabalho, além da caracterização dela como execução completa de título provisório, mais do que óbvio que o regime da responsabilização objetiva do autor da deflagração da execução provisória, cuja decisão foi posteriormente reformada, mostra-se de inquestionável incidência na seara laboral, ainda que sirva à satisfação de créditos de natureza alimentar[259], reflexo do regime de provável invasão patrimonial quando ainda pender recurso a ser julgado.

4.11. Retorno das partes ao estado anterior, reforma total ou parcial e os efeitos perante terceiros

Sobre esses assuntos, aqui escolhidos para serem tratados em conjunto, os dispositivos legais são os seguintes:

"Art. 520.

II – fica sem efeito, sobrevindo decisão que modifique ou anule a sentença objeto da execução, restituindo-se as partes ao estado anterior e liquidando-se eventuais prejuízos nos mesmos autos.

III – se a sentença objeto de cumprimento provisório for modificada ou anulada apenas em parte, somente nesta ficará sem efeito a execução.

(Omissis)

§ 4º A restituição ao estado anterior a que se refere o inciso II não implica o desfazimento da transferência de posse ou da alienação de propriedade ou de outro direito real eventualmente já realizado, ressalvado, sempre, o direito à reparação dos prejuízos causados ao executado."

Conforme dispositivos citados, emergem três assuntos objetos do primeiro item. O primeiro trata do chamado retorno das partes ao estado anterior. O segundo sobre os efeitos à execução decorrente de reforma total ou parcial do julgado. O terceiro diz acerca dos efeitos gerados pelo cumprimento provisório perante terceiros, portanto, distintos de credor e devedor.

Quanto aos dois primeiros assuntos, a redação legal foi mantida. Já em relação ao terceiro assunto, envolvendo efeitos gerados a terceiros decorrentes de reversão da sucumbência, o § 4º transcrito mostra-se reconhecimento do posicionamento que vinha sendo defendido pela doutrina e reconhecido parcialmente pela jurisprudência.

---

(258) ASSIS, Araken de. Op. cit., p. 151.

(259) Registre-se a existência de corrente doutrinária que afasta, de regra, em caso de execução de crédito de natureza alimentar, o regime da responsabilização, pois os alimentos se apresentariam em princípio "irrepetíveis". Vide, dentre outros, PORTO, Sérgio Gilberto. Doutrina e prática dos alimentos. 3. ed. São Paulo: RT, 2000. p. 37.

Nesse eito, sejam quais forem as características coladas ao regime de cumprimento provisório, há dois caminhos distintos que podem ser trilhados.

No primeiro o executado alcança êxito no recurso pendente, alterando a sucumbência processual e gerando consequências fáticas à via executiva de decisão provisória deflagrada por sua iniciativa.

No segundo caminho o provimento executado é atingido pela confirmação do julgamento recursal, alcançado a qualidade de coisa julgada. Neste caso, o cumprimento provisório transmudar-se-á automaticamente para definitivo, e, dependendo do estágio executivo, o feito será extinto, desfazendo e sendo devolvida a caução eventualmente prestada.

Quanto ao provimento do recurso pendente, necessário distinguir entre a reforma total e parcial.

No caso de reforma parcial, a execução prossegue na condição de definitiva no tocante à parte não modificada ou anulada, exsurgindo ao executado a pretensão à liquidação, nos mesmos autos, dos prejuízos causados "em razão da execução provisória daquela parte que foi posteriormente reformada"[260]. O anterior devedor passa a ser credor em relação ao capítulo da decisão reformado ou anulado.

Caso haja reforma total do julgado, o cumprimento provisório será extinto, nascendo a pretensão à liquidação dos danos, também nos mesmos autos, em proveito do anterior executado.

A restituição das partes ao estado anterior deverá acontecer tanto em relação à reforma ou anulação parcial, quanto na modificação ou anulação integral da decisão.

Tal retorno das partes ao "estado anterior" significa a viabilidade da volta "ao estado material que era anterior à execução"[261] dos litigantes.

Ainda que tal reversão seja possível plenamente, caso ainda remanesça eventual dano, devida também será a indenização.

Em outras palavras: quando o retorno ao estado material anterior à deflagração dos atos satisfativos for viável, e ainda assim remanesça eventual dano, os danos deverão ser liquidados e a parte deverá ser indenizada.

Portanto, pode ocorrer prejuízo a ser liquidado, por exemplo, decorrente de formalização de penhora de bens móveis ou imóveis, ainda que a transferência patrimonial não se efetive.

Também em caso de levantamento de dinheiro, deve-se haver a restituição do valor levantado, devidamente corrigido, além da indenização pelos possíveis danos causados. Quando tal restituição não se mostrar possível, deve-se arbitrar indenização visando à reparação dos danos causados.

---

(260) SILVA, Leonardo Ferres da. *Op. cit.*, p. 204.

(261) MARINONI, Luiz Guilherme; ARENHART, Sérgio Cruz. *Op. cit.*, p. 366.

Ainda, vamos ao último assunto: efeitos do cumprimento provisório perante terceiros.

Para começar, destaca-se a alteração ocorrida na redação original do inciso III do art. 588, do anterior CPC, por intermédio da Lei n. 10.444/2002, em que foi substituída a palavra "coisas" ("restituindo as coisas ao estado anterior") pela palavra "partes" ("restituindo-se as partes ao estado anterior"). Tal alteração foi mantida na redação do também revogado inciso II do art. 475-O, do anterior CPC.

Pois bem. O NCPC confirmou aquela mudança realizada por intermédio da Lei n. 10.444/2002, isto é, a possível alteração da sucumbência no cumprimento provisório não ocasionará prejuízos aos terceiros que praticaram atos lícitos nessa fase da jurisdição.

Tal alteração, conforme sustentado por abalizada doutrina, corretamente— diga-se de passagem, ainda na vigência do CPC anterior, mantida neste novo diploma processual, significa que possíveis atos satisfativos acontecidos em sede de cumprimento provisório não alcancem relações jurídicas entabuladas com terceiros de boa-fé, como por exemplo, aquisição de bens por estes em leilão judicial eletrônico ou presencial (art. 879, II, NCPC). Vamos à citação literal, ainda na vigência do anterior CPC:

> "A restituição das partes ao estado anterior, diferentemente da restituição das coisas ao estado anterior, tal como previa o art. 588 do CPC em sua redação original, faz com que a decisão do tribunal — que tenha modificado ou anulado a sentença executada (ou o acórdão executado) "provisoriamente até o final", isto é, com atos de expropriação já consolidados alcance apenas as partes e não terceiros adquirentes dos bens levados a hasta pública, por exemplo. Assim, restituição das partes ao estado anterior significa a restituição ao devedor do valor do bem que lhe tenha sido penhorado ou a reposição do *quantum* que tenha sido levantado"[262].

Noutro falar, o retorno ao estado anterior, em razão de provimento recursal, cinge-se aos atores do conflito jurisdicional (exequente e executado).

O terceiro, como no caso de arrematante de bem em leilão judicial, nada sofrerá com tal revés processual, devendo ser reputado como "proprietário perfeito"[263], pois, não havia nenhum óbice ao referido no momento em que adquiriu tal bem, motivo pelo qual não deverá ser punido pela prática de um ato lícito.

Vejamos o que diz a doutrina atual sobre esse assunto:

> Ocorrendo a expropriação do bem penhorado, não cabe desfazimento da arrematação. É o que se extrai do art. 520, § 4º, do CPC. O preceito, como é

---

(262) MEDINA, José Miguel Garcia. *Breves comentários à nova sistemática processual civil*. v. 1. São Paulo: RT, 2006. p. 184.

(263) "Substancialmente, contudo, incidirá por analogia o art. 1.360 do CC de 2002, segundo o qual, resolvido o domínio 'por outra causa superveniente' — no caso, o provimento do recurso pendente —, se reputará o adquirente anterior à resolução 'proprietário perfeito', restando ao prejudicado o caminho das perdas e danos". ASSIS, Araken de. *Op. cit.*, p. 160.

evidente, não tem em vista a proteção dos interesses do exequente, mas sim a preservação da situação do arrematante e a própria utilidade da prestação jurisdicional veiculada pelo cumprimento provisório. De fato, admitindo o desfazimento desses atos na hipótese eventual de provimento de recurso, seriam mínimas as chances de alguém ter interesse na arrematação do bem ou na obtenção de direito oferecido em cumprimento de decisã provisória. Assim, essa garantia é pressuposto para a própria efetividade do cumprimento de decisão provisória.[264]

Aliás, o citado 520, § 4º, do CPC está em total consonância com o novel art. 903 do NCPC, que assim dispõe:

> Qualquer que seja a modalidade de leilão, assinado o auto pelo juiz, pelo arrematante e pelo leiloeiro, a arrematação será considerada perfeita, acabada e irretratável, ainda que venham a ser julgados procedentes os embargos do executado ou a ação autônoma de que trata o § 4º deste artigo, assegurada a possibilidade de reparação pelos prejuízos sofridos.

Portanto, a leitura sistemática desses dispositivos serve para conferir maior proteção aos atos de transferência de posse, alienação de propriedade ou de outro direito real, realizados tanto em sede cumprimento definitivo como provisório, resguardando, portanto, interesses de terceiros envolvidos nessa relação.

Óbvio que a construção ora apresentada, considerando a defesa feita aqui da viabilidade do cumprimento provisório satisfativo e completo em sede de execução laboral, mostra-se integralmente aplicável ao processo do trabalho.

Nesse eito, o regime da responsabilização objetiva, retorno das partes (não terceiros) ao estado anterior e o sistema de caução e sua dispensa aplica-se integralmente ao processo do trabalho.

4.12. Penhora em dinheiro em sede de execução de decisão de eficácia provisória no processo do trabalho e o NCPC. Necessária e correta mudança de rota pelo TST

O TST havia firmado entendimento consolidado acerca da impossibilidade de a penhora incidir sobre pecúnia em sede de execução provisória.

A redação da Súmula n. 417 era a seguinte:

> "I – Não fere direito líquido e certo do impetrante o ato judicial que determina penhora em dinheiro do executado, em execução definitiva, para garantir crédito exequendo, uma vez que obedece à gradação prevista no art. 655 do CPC.
>
> II – Havendo discordância do credor, em execução definitiva, não tem o executado direito líquido e certo a que os valores penhorados em dinheiro fiquem depositados no próprio banco, ainda que atenda aos requisitos do art. 666, I, do CPC.

---

(264) MITIDIERO, Daniel; MARINONI, Luiz Guilherme; ARENHART, Sérgio Cruz. *Novo curso de processo civil*. vol. 2, *cit.*, p. 1016.

III – Em se tratando de execução provisória, fere direito líquido e certo do impetrante a determinação de penhora em dinheiro, quando nomeados outros bens à penhora, pois o executado tem direito a que a execução se processe da forma que lhe seja menos gravosa, nos termos do art. 620 do CPC."

A redação atual da Súmula n. 417, recentemente alterada ficou assim ementada:

"I – Não fere direito líquido e certo do impetrante o ato judicial que determina penhora em dinheiro do executado para garantir crédito exequendo, pois é prioritária e obedece à gradação prevista no art. 835 do CPC de 2015 (art. 655 do CPC de 1973).

II – Havendo discordância do credor, em execução definitiva, não tem o executado direito líquido e certo a que os valores penhorados em dinheiro fiquem depositados no próprio banco, ainda que atenda aos requisitos do art. 840, I, do CPC de 2015 (art. 666, I, do CPC de 1973). (ex -OJ n. 61 da SBDI-2 – inserida em 20.9.2000)."

Portanto, há duas alterações bastante significativas que ratificam e corroboram tudo o que vem sendo afirmado neste estudo, bem demonstrando alguns indícios (verdadeiras pistas) acerca das posições que o Tribunal Superior do Trabalho poderá afirmar no futuro sobre o tema objeto deste estudo.

Voltando às alterações. A primeira delas retirou a expressão "em execução definitiva" do item primeiro da súmula em destaque. Essa singela alteração abre largo leque para se construir a possibilidade de a penhora em dinheiro alcançar também o cumprimento provisório, observando a gradação prevista no art. 835 do NCPC, pois não há mais direito líquido e certo apto a atacar inclusive o ato judicial que determine tal penhora em dinheiro na via executiva provisória. Uma verdadeira pista lançada pelo TST com essa alteração jurisprudencial.

E mudança de rota desse tribunal superior ganha ainda mais força com a segunda alteração. Esta simplesmente cancelou o item terceiro transcrito anteriormente que afirmava a violação do princípio da menor onerosidade, em caso de penhora em dinheiro em execução provisória, quando houvesse nomeação à penhora de outros bens distintos de pecúnia.

Essas duas alterações, lidas em conjunto, conforme será aqui defendido, já se mostravam mais do que adequadas ainda antes da edição do NCPC, senão vejamos.

Com efeito, já havia antes da vigência do NCPC diversos argumentos que ratificavam a necessidade de o inc. III da súmula transcrita ser revisitado, considerando a construção feita ao longo do presente trabalho acerca da possibilidade de aplicação na execução do processo laboral, com as devidas adequações, do regramento do cumprimento provisório construído pelo processo civil, notadamente no que tange à antecipação da satisfação do exequente, caução e sua dispensabilidade, além da responsabilidade objetiva, senão vejamos.

Primeiro, e talvez o mais óbvio, decorre do fato de o cumprimento provisório acontecer "da mesma forma" que o definitivo, conforme ressalta a cabeça do art. 520 do NCPC, significando, por consequência, inclusive a possibilidade de serem praticados imediatas providências satisfativas, conforme já visto.

Logo, havendo a possibilidade de realização de atos satisfativos nesse momento processual, a penhora em dinheiro seria apenas o primeiro passo para alcançar a satisfação direta da pretensão do exequente.

O segundo argumento encontra-se disposto no inciso I do art. 835 do NCPC. O primeiro bem na ordem de preferência à penhora será dinheiro em espécie ou depositado em instituição financeira, pouco importando, portanto, quem indique os bens a serem penhorados e até quem os penhore. "O legislador fez uma opção, fez uma avaliação e ela deve ser observada pelo intérprete e pelo aplicador do direito na normalidade dos casos[265].

Aliás, essa ordem de preferência da penhora está prevista expressamente no texto celetista (art. 882), que faz remissão expressa ao dispositivo do velho CPC (art. 655) que disciplinava esse assunto.

A terceira, derradeira, e talvez mais importante questão, já decorrente do novel CPC, trata da nova roupagem conferida ao princípio da menor onerosidade da execução.

Esse princípio, também conhecido como da não prejudicialidade do devedor, anteriormente disposto no art. 620 do antigo CPC, ganhou nova redação e configuração.

Dizem a cabeça e o parágrafo único do art. 805 do NCPC o seguinte:

"Quando por vários meios o exequente puder promover a execução, o juiz mandará que se faça pelo modo menos gravoso para o executado.

Parágrafo único. Ao executado que alegar ser a medida executiva mais gravosa incumbe indicar outros meios mais eficazes e menos onerosos, sob pena de manutenção dos atos executivos já determinados."

O *caput* desse dispositivo de lei afirma que, "quando por vários meios o credor puder promover a execução, o juiz mandará que se faça pelo modo menos gravoso para o devedor". Consagra o chamado princípio da não prejudicialidade ou menor onerosidade ao devedor, tal como previa o anterior CPC.

O novel parágrafo único desse dispositivo legal conferiu certamente novos limites a esse princípio, pois dispõe caber ao devedor o ônus de apontar outros "meios mais eficazes e menos onerosos", caso afirme possível prática de ato gravoso.

Portanto, o reconhecimento da gravosidade afirmada pelo devedor atrai o ônus de que seja apontado expressamente outros meios mais eficazes e menos onerosos, sob pena de "manutenção dos atos executivos já determinados".

Logo, pode-se compreender que a penhora em dinheiro somente será obstada caso o devedor consiga demonstrar eficazmente "outros meios mais eficazes e menos onerosos" ao caminhar executivo, sob pena de manutenção "dos atos executivos já determinados", inclusive em sede de cumprimento provisório.

---

(265) BUENO, Cassio Scarpinella. *A nova etapa da reforma do Código de Processo Civil*. v. 3. São Paulo: Saraiva, 2007. p. 104.

Tarefa bastante complicada ao devedor. Difícil convencer a jurisdição da existência de medida mais eficaz do que a penhora em dinheiro.

Óbvio que a execução não pode se transformar em instrumento de vingança privada, daí a justificativa para que o devedor não "sofra mais do que o necessário na busca da satisfação do direito do exequente"[266].

Contudo, o princípio em destaque deverá ser interpretado à luz do princípio constitucional da efetividade da tutela executiva, motivo pelo qual essa proteção do devedor esbarra na efetividade bem instrumentalizada do citado parágrafo único do dispositivo legal em apreço.

Leva-se em consideração a afirmação de excessiva gravosidade da execução, pelo devedor, contudo, não existe prevalência desta em relação à efetividade da tutela executiva, conforme, aliás, já deixou corretamente assentado o Superior Tribunal de Justiça[267].

Em outros termos mais singelos. A proteção do devedor garantida pela menor onerosidade dos atos executivos não poderá caminhar apartada do paradigma da efetividade da via satisfativa.

Nesse eito, voltando à realidade do processo laboral, ante a novel concepção do princípio da menor onerosidade ao devedor, não há com reconhecer a existência de direito líquido e certo do impetrante-devedor quando houver penhora de dinheiro em sede de execução provisória, considerando novel redação do art. 805, exatamente como pretendeu demonstrar, ainda que não diretamente, o TST, por intermédio das modificações jurisprudenciais em apreço.

Ora, incumbirá ao devedor apontar outros meios mais eficazes e menor onerosos caso vise a obstar a penhora em dinheiro em execução provisória.

Trata-se de incumbência a ser demonstrada após a formalização desse ato executivo, visando a desconstituição deste. Portanto, muito longe de se configurar de direito líquido e certo desse devedor, conforme redação do eliminado inc. III da Súmula n. 417.

Vale lembrar que a concepção originária do processo civil tem em conta uma suposta paridade (igualdade formal) de forças entre as partes litigantes, enquanto no processo do trabalho o credor é hipossuficiente, "que normalmente se vê em situação humilhante, vexatória, desempregado, e não raro, faminto"[268], logo, merece tratamento distinto.

Sobre esse assunto, vale transcrever trecho de importante doutrina, *verbis*:

> É necessária a mudança de mentalidade dos operadores do direito diante da penhora de dinheiro na execução provisória, pois a legislação permite

---

(266) NEVES, Daniel Amorim Assumpção. *Manual de direito processual civil*. Volume único, cit., p. 980.
(267) Superior Tribunal de Justiça, REsp n. 1.337.790/PR, rel. Min. Herman Benjamin, DJe 7.10.2013.
(268) BEZERRA LEITE, Carlos Henrique. *Op. cit.*, p. 904.

que ela seja levada a efeito. Além disso, diante dos novos rumos da execução no processo civil, inclusive com a liberação de numerário na execução provisória, acreditamos ser necessário repensar a Súmula n. 417 do C. TST para permitir a penhora em dinheiro na execução provisória a fim de dar aplicabilidade ao art. 521 do CPC ao processo do trabalho.[269]

Para finalizar, inobstante o TST tenha deixado de afirmar posição expressa acerca da aceitação do modelo satisfativo do NCPC na fase executiva provisória no processo do trabalho, bem como do expresso cabimento da penhora em dinheiro em sede de cumprimento provisório laboral, deixou verdadeiras pistas sobre a possibilidade dessa aproximação, retirando os impedimentos da jurisprudência consolidada que inviabilizavam tal movimento. Para quem consegue ler corretamente esses pequenos passos e lançar luz sob essas pequenas frestas, o caminho acabará seguramente levando para tal achegamento.

Também merece revisão a posição do TST, consolidada por intermédio do art. 95 da Consolidação de Provimentos da Corregedoria-Geral da Justiça do Trabalho[270], que limitou a utilização do sistema Bacen Jud apenas à fase de cumprimento definitivo.

O processo do trabalho mostrou-se de vanguarda[271] ao adotar tal ferramenta há alguns anos, que, diga-se de passagem, vem se mostrando bastante eficaz.

Considerando novel construção ora proposta, alteração da súmula em debate, bem como por conta dos novos limites a serem conferidos ao princípio da ausência de prejuízo ao devedor, não há razão para se deixar de utilizar a prerrogativa do bloqueio pela via virtual também em sede de cumprimento provisório, considerando, inclusive, aperfeiçoamentos havidos no regramento dessa medida pelo TST, além da farta experiência haurida pela magistratura trabalhista ao longo desses anos.

Corroborando tal posição ora defendida, basta imaginar-se execução provisória de pequena monta em desfavor de uma empresa de grande porte e saúde financeira sólida, tais quais as instituições bancárias desse País. Qual seria a razoabilidade de não se fazer incidir o bloqueio virtual e posterior penhora em dinheiro ainda que em sede de cumprimento provisório?

E mais. Em razão da recalcitrância desse executado, de notável capacidade econômica, por qual motivo se deixaria de realizar o bloqueio pela via virtual dessa insignificante quantia para esse devedor?

Nesse eito, sob nenhuma luz, consegue-se visualizar a impossibilidade de serem materializadas tais práticas nessas condições.

Óbvio que o credor-exequente não pode assumir sozinho o ônus do tempo do processo, enquanto a parte devedora usa de todo o arsenal recursal disponível para protelar a satisfação do julgado.

---

(269) SCHIAVI, Mauro. *Manual de direito processual do trabalho*. De acordo com o novo CPC, *cit.*, p. 1.101.

(270) Disponível na página virtual do Tribunal Superior do Trabalho. Acesso em: 10 ago. 2016.

(271) O processo civil copiou tal sistemática apenas com o advento da Lei n. 11.382/2006.

4.13. Notas sobre a delimitação dos regimes de cumprimento provisório no NCPC envolvendo obrigações de pagar e tutela específica no NCPC, com aplicação supletória no processo laboral

O NCPC, consolidando reformas pontuais realizadas ainda na vigência do diploma processual anterior, delimitou bem o campo de ambiência das execuções fundadas em títulos executivos judiciais, com reconhecimento expresso do sincretismo procedimental, bem como também deixou delimitado regimes jurídicos distintos às tutelas executivas de obrigações específicas (fazer, não fazer, entregar coisa) em relação àquelas estampadas em sentenças de quantia.

O NCPC criou regime específico para o julgamento de ações envolvendo tutelas específica, a partir do art. 497-501.

Também há regime específico, e muito bem delimitado, voltado às obrigações de quantia, começando com o capítulo de liquidação de sentença, conforme art. 509 do NCPC.

Tanto as sentenças de quantia, quanto as obrigações de quantia, estão contidos no chamado regime geral de cumprimento de decisão, a partir do art. 513 do NCPC, contudo, mais à frente cada uma dessas modalidades recebe tratamento específico e trilham caminhos completamente distintos.

Quanto às obrigações de quantia, foram estabelecidas sistemáticas distintas entre o chamado cumprimento provisório e o definitivo dessa modalidade de obrigação.

Também há regime distinto envolvendo a realização de decisão que reconheça a exigibilidade de obrigação específica.

O regime de cumprimento provisório de obrigações de pagar, do art. 520 do NCPC, é aplicado, "no que couber", às decisões que reconheçam a procedência de obrigações específicas, conforme disposto no § 5º do art. 520 do NCPC.

Óbvio que essa concepção que distingue muito bem os regimes de cumprimento de obrigação de quantia, de um lado, e de outro as obrigações específicas, fazendo-se também diferenciação nos modelos de cumprimento definitivo e provisório dessas obrigações, deverão ser encampados pelo processo laboral, considerando os benefícios que essa organização poderá carrear à fase de cumprimento ou execução das decisões.

Chegou, então, o momento de apreciar, brevemente, os regimes distintos de cumprimento provisório de decisões interlocutórias aparelhadas de obrigações de pagar ou específicas.

4.14. Cumprimento provisório de decisão interlocutória de obrigação de pagar

Vale deixar desde logo registrado que a possibilidade de efetivação de tutela provisória poderá acontecer ainda em fase de conhecimento, portanto, em momento processual distinto da fase de cumprimento provisório objeto do presente estudo.

Inobstante o regime de cumprimento do NCPC, em nenhuma ocasião, mencione a possibilidade de cumprimento provisório de decisão interlocutória, não se pode esquecer da possibilidade de efetivação da chamada tutela provisória que, observará, conforme disposto no parágrafo único do art. 297, do NCPC, "no que couber", as normas relativas ao "cumprimento provisório de sentença".

De maneira bem singela, pode-se dizer que a antecipação de tutela ou a tutela provisória (observando a nova nomenclatura legal) "precipita a produção dos efeitos práticos"[272] de um provimento jurisdicional (neste momento sendo apreciadas as decisões interlocutórias).

Tal "precipitação" também poderá acontecer quando se tratar de soma em dinheiro, isto é, tutela antecipatória de soma em dinheiro[273], observando-se os princípios "da finalidade e o da adequação das formas"[274].

O princípio da finalidade ressalta a necessidade dos atos executivos serem praticados pela maneira que melhor atenda o fulcro da medida antecipatória.

O princípio da adequação das formas persegue a compatibilidade do procedimento com o conteúdo das providências a serem realizadas. Uma espécie de parametrização do procedimento com as medidas executivas determinadas.

No processo do trabalho a efetivação de antecipação de soma em quantia pode dar-se, primordialmente, por intermédio do regramento previsto no art. 520 do NCPC (regime de cumprimento provisório), acompanhado das salvaguardas desse sistema, conforme observado ao longo do presente trabalho, forte no já citado parágrafo único do art. 297[275], inclusive com o uso da prerrogativa do bloqueio *on line* pelo sistema *BacenJud*, conforme já defendido, observando-se também as salvaguardas do regime do cumprimento provisório.

A opção do bloqueio eletrônico vem sendo realizada pela magistratura laboral ao longo de vários anos.

Ressalta-se que o bloqueio (posteriormente convolado em penhora) é gatilho para se alcançar a efetiva satisfação da pretensão executiva do exequente, sem descurar das mencionadas salvaguardas impostas pelo sistema.

Imagine-se empresa que deixa de pagar salários a empregados detentores de garantia de emprego, por mera emulação. Esses empregados manejam ação trabalhista,

---

(272) BUENO, Cássio Scarpinella. *Tutela antecipada*. 2. ed. São Paulo: Saraiva, 2007. p. 33.

(273) Nesse sentido, dentre outros, MARINONI, Luiz Guilherme. *Antecipação da tutela*. 9. ed. São Paulo: RT, 2006. p. 263.

(274) ZAVASCKI. Teori Albino. *Antecipação da tutela*. 5. ed. São Paulo: Saraiva, p. 97.

(275) Sobre tal modalidade de efetivação diz José Henrique Mouta Araújo: "Contudo, deve-se evitar que a tutela antecipada seja concedida com conteúdo condenatório, a ensejar a execução provisória. De fato, há maior efetividade à tutela do direito nos casos em que a medida emergencial satisfativa é concedida mediante técnicas mandamental e executiva (*lato sensu*), cumprida internamente e funcionando as normas da execução provisória apenas como paradigma operacional". *Op. cit.*, p. 106.

com pedido de antecipação de pagamento de quantia, salários retidos, vencidos e com montante facilmente liquidável, além de pedido voltado à obrigação (de fazer) de pagar salários vincendos ao longo do transcurso temporal da demanda. Plenamente possível deferir-se pagamento desses salários vencidos (obrigação de pagar) e vincendos (obrigação de fazer futura), cuja satisfação poderá ser deflagrada por intermédio de bloqueio *on line* em conta-bancária dessa empresa.

Nesse caso, considerando o disposto no citado parágrafo único do art. 297 do NCPC, mostra-se possível realizar a satisfação da pretensão desses exequentes ainda que com dispensa da caução, caso a jurisdição avalie pela correção da medida (critério *ope judicis*), considerando as peculiaridades do caso concreto. Os demais requisitos previstos no modelo de cumprimento provisório, tais como "natureza alimentar" do crédito e "situação de necessidade", estão plenamente configurados, pois obviamente os demandantes necessitam desses valores para sobreviver.

4.15. Cumprimento provisório de decisão interlocutória de obrigação específica

Fica registrada a mesma observação formulada no item anterior. Trata-se de efetivação de decisão interlocutória de obrigação específica ainda em fase de conhecimento.

A efetivação de obrigações de fazer, não fazer e entregar coisa reconhecida em decisão interlocutória, que dão vazão à chamada execução por transformação ou desapossamento, consoante mencionado anteriormente, possui sistemática completamente distinta da execução de sentenças de quantia, conforme mencionado em momento anterior.

Vale registrar novamente que até a decisão que fixa multa (astreinte) para realização de obrigação específica, será "passível de cumprimento provisório" imediato, devendo o resultado econômico do descumprimento dessa obrigação ser depositado em juízo, "permitindo o levantamento do valor apenas após o trânsito em julgado" da decisão favorável, conforme disposto no § 3º do art. 537 do NCPC.

Em suma, aplica-se, por subsidiariedade no processo do trabalho, sem indagações maiores, o paradigma legal do processo civil quanto às obrigações de fazer, não fazer e entregar coisa, para efetivação do comando exarado em decisão interlocutória com suficiente carga de efetividade.

Exemplificando. Imagine-se uma dada decisão interlocutória, exarada em sede de ação civil pública aviada pelo Ministério Público do Trabalho, que impõe a realização de diversas obrigações de fazer voltadas à regularização do meio ambiente de trabalho de fazenda canavieira, tais como a regularização das condições sanitárias do local, bem como construção de abrigos adequados aos trabalhadores do campo. A efetivação desse direito dar-se-á obedecendo à sistemática da efetivação (sem intervalo) de tutelas específicas do processo civil, inclusive com a possibilidade de "imposição de multa diária ao réu", astreintes, com aptidão a constrangê-lo para o cumprimento dessa decisão, além da imposição das chamadas medidas de apoio à efetivação desta (§ 1º do art. 536 do NCPC).

Vale lembrar, novamente, que os efeitos dessa decisão interlocutória somente poderão ser atacados por intermédio de mandado de segurança (Súmula n. 414, II). Essa via heróica manejada para objurgar tal decisão interlocutória perde objeto em razão da superveniência de sentença, consoante caudalosa jurisprudência do TST (Súmula n. 414, III).

Outro exemplo bastante conhecido na seara processual laboral é a possibilidade de efetivação de reintegração, constante em decisão interlocutória concessiva de medida de cunho satisfativo, de dirigente sindical "afastado, suspenso ou dispensado pelo empregador" (art. 659, X, da CLT). Além desta, há aquela disposta no art. 39 da CLT referente às anotações em carteira de trabalho, caso o empregador recuse observar tal obrigação. Essas são hipóteses específicas de efetivação de obrigação de fazer na seara trabalhista. Nestas situações, também se mostra possível a utilização das medidas de apoio previstas na sistemática do NCPC, tais como a imposição de multa diária até o cumprimento da decisão.

Vale salientar que a jurisprudência do TST vinha se posicionando erroneamente pela ausência de admissão de efetivação provisória de comando aparelhado de obrigações específicas, sob o principal argumento da irreversibilidade dos efeitos satisfativos dessa decisão[276].

Ao longo dos anos, porém, o TST vem modificando tal entendimento, culminando com a solidificação deste posicionamento por intermédio das OJs. ns. 64 e 142, ambas da SBDI-2. O teor delas é o seguinte:

"OJ n. 64. MANDADO DE SEGURANÇA. REINTEGRAÇÃO LIMINARMENTE CONCEDIDA. Não fere direito líquido e certo a concessão de tutela antecipada para reintegração de empregado protegido por estabilidade provisória recorrente de lei ou norma coletiva."

"OJ n. 142. MANDADO DE SEGURANÇA. REINTEGRAÇÃO LIMINARMENTE CONCEDIDA. Inexiste direito líquido e certo a ser oposto contra ato de Juiz que, antecipando a tutela jurisdicional, determina a reintegração do empregado até a decisão final do processo, quando demonstrada a razoabilidade do direito subjetivo material, como nos casos de anistiado pela Lei n. 8.878/94, aposentado, integrante de comissão de fábrica, dirigente sindical, portador de doença profissional, portador de vírus HIV ou detentor de estabilidade provisória prevista em norma coletiva."

Inquestionável a acertada evolução jurisprudencial do TST nesse aspecto, em plena consonância com construção teórica firmada ao longo do presente.

Portanto, admite-se a efetivação da tutela específica no processo do trabalho, tal como ocorre em relação às decisões interlocutórias de cunho ressarcitório, consoante já demonstrado, porém, com caminhos de realização procedimental distintos.

4.16. Cumprimento provisório de sentença de quantia no processo do trabalho

Como já ressaltado, o regime de cumprimento definitivo de decisão condenatório da obrigação de pagar encontra-se regulado a partir do art. 523 do NCPC, com aplicação,

---

(276) Dentre tantos, vide Proc. TST. ROMS-522/2004-000-08-00.0, Min. rel. Emmanuel Pereira, DJ de 10.11.2006.

naquilo que não for incompatível com as regras do Livro II, da Parte Especial, do NCPC, como, por exemplo, regras envolvendo penhora, avaliação e venda judicial de bem pela jurisdição.

O cumprimento provisório do NCPC será realizado "da mesma forma" que o definitivo, conforme disposto no art. 520 do mesmo diploma legal.

Essa fase de cumprimento provisório será deflagrada no processo laboral com a intimação do devedor, observando as formas de comunicação dispostas no § 2º do art. 513 do NCPC, caso a decisão de quantia já esteja devidamente delimitada, para pagamento, dito voluntário da dívida, no prazo de quinze dias, sob pena de acréscimo da condenação em dez por cento.

A fase de cumprimento do processo do trabalho, disposta no art. 880 da CLT será deflagrada após a tentativa de cumprimento dito voluntário pelo devedor.

O mandado de citação, afim de que o devedor cumpra "a decisão ou o acordo", já deverá ser acrescido no percentual de dez por cento do montante devido em razão da ausência do cumprimento dito voluntário do julgado.

Portanto, o devedor deverá, no prazo de 48 horas, contados a partir do recebimento do mandado de citação, pagar ou nomear bens à penhora observando, repita-se, o montante condenado acrescido do percentual da multa do § 1º do art. 523 do NCPC.

A partir deste momento, o rito executivo dominante do cumprimento provisório está disposto no texto consolidado, com os acréscimos, pela leitura sistemática, do NCPC.

Considerando a necessidade de o cumprimento provisório exigir a decisão liquidada, mostra-se necessário observar alguns aspectos envolvendo a fase de liquidação.

4.16.1. Liquidação de sentença de quantia na pendência de recurso

Sobre a liquidação a ser realizada na pendência de recurso, diz o NCPC o seguinte:

> Art. 512. A liquidação poderá ser realizada na pendência de recurso, processando-se em autos apartados no juízo de origem, cumprindo ao liquidante instruir o pedido com cópias das peças processuais pertinentes.

A liquidação é exigida como uma "formalidade necessária"[277] quando a sentença ou acórdão não fixa o valor da condenação (*quantum debeatur*). "A decisão contém a certeza da obrigação e as partes que são credora e devedora desta obrigação (*an debeatur*), mas não fixa o montante devido"[278].

O NCPC determina que a liquidação será necessária quando a sentença "condenar ao pagamento de quantia ilíquida", a requerimento do credor ou devedor (art. 509).

Também ficou regulamentado que quando a apuração do valor depender apenas de cálculos aritméticos, "o credor poderá promover, desde logo, o cumprimento da sentença" (§ 2º do art. 509 do NCPC).

---

(277) WAMBIER, Luiz Rodrigues. *Op. cit.*, p. 95.
(278) SCHIAVI, Mauro. *Manual de direito processual do trabalho*. De acordo com o novo CPC, *cit.*, p. 851.

A liquidação no processo do trabalho está disciplinada nos arts. 879 até 884 da CLT. O art. 879 desse texto destaca as modalidades de liquidação aplicáveis nessa seara processual: "cálculo", "arbitramento" ou "artigos".

Assim como no processo civil, a liquidação no processo laboral é fase integrativa da condenação de quantia, em razão da necessidade de apuração do *quantum debeatur*.

Como visto no texto do NCPC, o incidente de liquidação deverá ser provocado pelo credor ou devedor.

Já no processo do trabalho, inobstante alguma divergência em doutrina e jurisprudência, o incidente de liquidação, além da hipótese de ser provocado por credor ou devedor, também poderá ser deflagrado de ofício pela jurisdição, caso necessário, considerando se tratar de mero desdobramento da fase executiva também iniciada de ofício pela jurisdição, consoante autorização do art. 878 da CLT.

Novidade que merece realce e se mostra fundamental ao presente estudo é a chamada liquidação antecipada ou provisória prevista no art. 512 do NCPC, com incidência inquestionável no processo do trabalho.

Trata da possibilidade de, nos casos em que se deflagra o cumprimento provisório, "será possível a liquidação provisória, caso a sentença não seja líquida"[279].

Assim, deverá ser compreendida a liquidação antecipada no processo do trabalho como a possibilidade de o liquidante iniciar o módulo de cumprimento provisório, mesmo quando ainda pender julgamento de recurso aviado, instruindo tal pedido "com cópias das peças processuais pertinentes", o que vem se convencionando chamar de carta de liquidação.

4.17. Cumprimento provisório de sentença ou acórdão de obrigação específica

Inobstante tudo o que foi trabalho acerca do tema em destaque, há dois dispositivos legais que merece transcrição e depois algum desenvolvimento, senão vejamos:

> Art. 520, § 5º Ao cumprimento provisório de sentença que reconheça obrigação de fazer, de não fazer, ou de dar coisa aplica-se, no que couber, o disposto neste capítulo.
>
> Art. 521, § 3º A decisão que fixa multa é passível de cumprimento provisório, devendo ser depositada em juízo, permitindo o levantamento do valor após trânsito em julgado da sentença favorável à parte.
>
> A efetivação, cumprimento ou execução de tutela específica prescinde de requerimento e de procedimento autônomo para acontecer.

Não se instaura procedimento executivo autônomo e posterior à sentença, mas se adota, de imediato e independentemente de novo pedido do autor, as medidas aptas para efetivar o direito judicialmente reconhecido, por intermédio de medidas chamadas de típicas ou atípicas, conforme disposto no § 1º do art. 536 do novo CPC.

---

(279) GONÇALVES. Marcus Vinicius Rios. *Direito processual civil esquematizado*. 7. ed. São Paulo: Saraiva, 2016. p. 755.

Voltando ao § 3º do art. 521 do NCPC, tal dispositivo de lei, revela que a decisão fixando a multa é passível de "cumprimento provisório", devendo o valor permanecer depositado em juízo, permitindo-se o levantamento somente após o trânsito em julgado da sentença favorável à parte (redação do dispositivo alterada pela Lei n. 13.256/2016).

Essa mesma sistemática é aplicada também nas ações que tenham por objeto a obrigação de entrega de coisa, conforme previsão no art. 538 do NCPC.

Como destacado, a finalidade da multa em destaque é agir sobre a vontade do obrigado, coagindo-o a cumprir a obrigação pendente, com o fito de eliminar ou reduzir os atropelos e a usual demora característicos das execuções por sub-rogação estatal.

Por fim, o § 5º do art. 520 do NCPC destaca expressamente verdadeiro sistema de realização de medidas executivas em sede de cumprimento provisório, ao afirmar a aplicação deste sistema nas obrigações de fazer, de não fazer, ou de dar coisa.

E obviamente tudo o que foi destacado neste item tem aplicação, integração e adequação ao modelo de cumprimento provisório no processo laboral.

4.18. Defesa incidental. Dos embargos à execução para impugnação. Pertinência com a execução provisória laboral

Antes da vigência das Leis ns. 11.232/2005 e 11.382/2006, que alteraram o anterior CPC, o recebimento dos embargos à execução, de título executivo judicial ou extrajudicial, com efeito suspensivo, era regra geral e decorria do texto legal (*ope legis*). Não se permitia hipótese que afastasse o estado de ineficácia ao qual era submetida a via executiva.

A redação do revogado art. 475-M alterou por completo tal paradigma, pois a atribuição de efeito suspensivo à medida de impugnação (anterior embargos ao devedor) passou a ser técnica exceptiva de atribuição do juízo (critério *ope judicis*) à vista das peculiaridades do caso concreto. Esse regramento também passou a ser aproveitado nos títulos executivos extrajudiciais do anterior CPC.

O novel CPC também caminhou no mesmo sentido.

Afirma o §1º do art. 520 que no "cumprimento provisório da sentença, o executado poderá apresentar impugnação, se quiser, nos termos do art. 525".

Diz o § 6º do art. 525 que a apresentação de impugnação não impedirá a "práticas de atos executivos, inclusive os de expropriação".

Portanto, o primeiro dispositivo afirma o cabimento da via incidental de impugnação.

O segundo trata do possível efeito suspensivo dessa impugnação. Tal dependerá de requerimento do executado, desde que haja prévia garantia pela "penhora, caução e depósitos suficientes", bem como seja demonstrado "manifestamente" a possibilidade de ser causado ao executado "grave dano de difícil ou incerta reparação".

A propósito, ainda que haja a concessão do citado efeito suspensivo à impugnação, será líquido ao exequente requerer a continuidade da via executiva, agora de maneira provisória, desde que preste, nos próprios autos, "caução suficiente e idônea a ser arbitrada pelo juízo", conforme dispõe o § 10 do art. 525 do NCPC. Aliás, esse dispositivo legal seria melhor posicionado no capítulo relativo ao cumprimento provisório do NCPC.

Todas essas regras relativas ao cumprimento definitivo e provisório se encaixam plenamente na via de satisfação provisória do processo laboral, aqui pretendida e buscada a construção.

Nesse eito, tal novel sistemática de atribuição *ope judicis* do efeito suspensivo é amplamente aplicável ao processo do trabalho. Nada dispõe a CLT (em nenhum lugar) acerca dos efeitos que o recebimento dos embargos[280] provoca na fase executiva[281], suspendendo-a ou não.

Aliás, esse modelo corrobora amplamente no processo laboral a continuação da caminhada executiva provisional até a efetiva satisfação do credor, pois a simples oposição de embargos ao devedor não impedirá a continuação dessa marcha satisfativa.

4.19. Do requerimento da execução e autenticação de peças

A execução provisória era tradicionalmente realizada por intermédio de carta de sentença, formada pelo cartório e "eterna fonte de atritos entre advogados e cartorários"[282]. A composição vinha prevista na redação do anterior art. 590 do revogado CPC. Não é mais utilizada a alcunha carta de sentença.

O atual art. 522 do NCPC exige que o exequente, ao requerer a deflagração da execução provisória (requerimento inicial), instruirá a petição exordial com cópias de peças previstas em lei, podendo o causídico subscritor, ou até mesmo o autor desacompanhado de advogado (considerando o *jus postulandi* ainda vigente no processo laboral), declarar a autenticidade dessas peças.

Além das peças consideradas obrigatórias (decisão exequenda, certidão de interposição de recurso não dotado de efeito suspensivo, procurações das partes, decisão de habilitação — se for o caso), podem haver outras, facultativas, consideradas pela jurisdição como necessárias "para demonstrar a existência do crédito (art. 522, parágrafo único, *"e"*).

Essa sistemática de requerimento do NCPC mostra-se plenamente compatível com o processo do trabalho.

Também compatível com o processo do trabalho foi a inovação inteligente disposta no parágrafo único do art. 522 do NCPC.

Trata da possibilidade de dispensa de juntada das peças citadas anteriormente, visando a instrução do requerimento executivo provisório inicial, caso os autos sejam eletrônicos, considerando pleno acesso aos autos eletrônicos, não importando onde esteja o processo para julgamento.

---

(280) No processo do trabalho a nomenclatura continua sendo embargos ao devedor.

(281) No mesmo sentido tem-se, dentre outros, CORDEIRO, Wolney de Macedo. Cumprimento provisório das sentenças trabalhistas. In: CHAVES, Luciano Athayde (Org.). *Curso de processo do trabalho*. São Paulo: LTr, 2009. p. 862.

(282) NEVES, Daniel Amorim Assumpção. *Manual de direito processual civil*. Volume único, *cit.*, p. 1092.

Referências Bibliográficas

ABELHA, Marcelo. *Manual de execução civil*. 2. ed. São Paulo: Forense Universitária, 2007.

ALEXY, Robert. *Teoria de los derechos fundamentales*. Madri: Centro de Estúdios Constitucionales, 1997.

ALVIM, J. E. Carreira. A nova liquidação de sentença por cálculo do credor. In: *Revista Dialética de Direito Processual*, São Paulo, Dialética, n. 39, jun. 2006.

ARAÚJO, José Henrique Mouta. Anotações envolvendo a 'nova' disciplina da execução provisória e seus aspectos controvertidos. In: *Revista Dialética de Direito Processual*, São Paulo, Dialética, n. 14, maio 2004.

_____. *Reflexões sobre as reformas do CPC*. Salvador: JusPodivm, 2007.

ARENHART, Sérgio Cruz. *A tutela inibitória coletiva*. São Paulo: Revista dos Tribunais, 2003.

ASSIS, Araken de. *Cumprimento da sentença*. Rio de Janeiro: Forense, 2006.

ÁVILA, Humberto. *Segurança jurídica*: entre a permanência, mudança e realização no Direito Tributário. São Paulo: Malheiros, 2011.

BANDEIRA DE MELLO, Celso Antônio. *Curso de direito administrativo*. 21. ed. São Paulo: Malheiros, 2006.

BARBOSA, Andrea Carla. *A nova execução trabalhista de sentença*. São Paulo: LTr, 2010.

BARBOSA MOREIRA, José Carlos. *O novo processo civil brasileiro*. 13. ed. Rio de Janeiro: Forense, 1992.

_____. Cumprimento e execução de sentença: necessidade de esclarecimentos conceituais. In: *Revista Dialética de Direito Processual*, n. 42, p; 56-68, set. 2006.

BARROS, Alice Monteiro de. Execução de títulos extrajudiciais. In: DALLEGRAVE NETO, José Affonso; FREITAS, Ney José (Coords.). *Execução trabalhista*. Estudos em homenagem ao Ministro João Oreste Dalazen. São Paulo: LTr, 2002.

BARROSO, Luís Roberto. Fundamentos teóricos e filosóficos do novo direito constitucional brasileiro (pós-modernidade, teoria crítica e pós-positivismo). In: _____ (Org.). *A nova interpretação constitucional:* a ponderação, direitos fundamentais e relações privadas. 3. ed. Rio de Janeiro: Renovar, 2008.

_____. *Interpretação e aplicação da Constituição:* fundamentos de uma dogmática constitucional transformadora. São Paulo: Saraiva, 1996.

BAUMOHL, Debora Ines Kram. *A nova execução civil*. A desestruturação do processo de execução. São Paulo: Atlas, 2006.

BEBBER, Júlio César. *Cumprimento da sentença no processo do trabalho*. São Paulo: LTr, 2006.

BEDAQUE, José Roberto dos Santos. *Tutela cautelar e tutela antecipada*: tutelas sumárias e de urgência (tentativa de sistematização). 3. ed. São Paulo: Malheiros, 2003.

BEGEL, Jean-Louis. *Teoria geral do direito*. São Paulo: Martins Fontes, 2001.

BEZERRA LEITE, Carlos Henrique. *Ação Civil Pública:* nova jurisdição trabalhista metaindividual e legitimação do Ministério Público do Trabalho. São Paulo: LTr, 2001.

_____. Cumprimento espontâneo da sentença (Lei n. 11.232/ 2005) e suas repercussões no processo do trabalho. In: *Revista LTr*, ano 70, n. 09, set. 2006.

_____. *Curso de direito processual do trabalho*. 5. ed. São Paulo: LTr, 2007.

_____. Princípio jurídicos fundamentais do Novo Código de Processo Civil e seus reflexos no processo do trabalho. In: MIESSA, Elisson (Org.). *O novo Código de Processo Civil e seus reflexos no processo do trabalho*. Salvador: JusPodivm, 2015.

BONAVIDES, Paulo. *Curso de direito constitucional*. 5. ed. São Paulo: Malheiros, 2000.

BRITO FILHO, José Cláudio Monteiro de. *Discriminação no trabalho*. São Paulo: LTr. 2002.

BUENO, Cássio Scarpinella. *A nova etapa da reforma do Código de Processo Civil*. v. 1. São Paulo: Saraiva, 2006.

_____. *A nova etapa da reforma do Código de Processo Civil*. v. 3. São Paulo: Saraiva, 2007.

_____. *Curso sistematizado de direito processual civil:* tutela jurisdicional executiva. vol. 3. São Paulo: Saraiva, 2007.

_____. *Execução provisória e antecipação da tutela: dinâmica do efeito suspensivo da apelação e da execução provisória:* conserto para a efetividade do processo. São Paulo: Saraiva, 1999.

_____. *Tutela antecipada*. 2. ed. São Paulo: Saraiva, 2007.

_____. Variações sobre a multa do caput do art. 475-J do CPC na redação da Lei n. 11.232/2005. In: WAMBIER. Teresa Arruda Alvim (Coord.). *Aspectos polêmicos da nova execução de títulos judiciais*. v. 3. São Paulo: RT, 2006.

CÂMARA, Alexandre Freitas. *A nova execução de sentença*. Rio de Janeiro: Lumen Juris, 2006.

CANARIS, Claus Wilhelm. *Pensamento sistemático e conceito de sistema na ciência jurídica*. 3. ed. Lisboa: Fundação Calouste Gulbenkian, 2002.

CANOTILHO, J. J. Gomes. *Direito constitucional*. 5. ed. Coimbra: Almedina, 1992.

CARPI, Federico. *La provvisoria esecutorietá della sentenza*. Milano: Giuffrè, 1979.

CARREIRA ALVIM, J. E. *Tutela específica das obrigações de fazer e não fazer na reforma processual*. Belo Horizonte: Del Rey, 1997.

CARRION, Valentin. *Comentários à Consolidação das Leis do Trabalho*. 24. ed. São Paulo: Saraiva, 1999.

CASTELO, Jorge Pinheiro. *O direito processual do trabalho na moderna teoria geral do processo*. 2. ed. São Paulo: LTr, 1996.

_____. O regime de precedentes no novo CPC e reflexos no processo do trabalho. In. *Revista LTr*, ano 80, n. 2, p. 140-154, fev. 2016.

CHAVES, Luciano Athayde. *A recente reforma no processo comum*. Reflexos no direito judiciário do trabalho. São Paulo: LTr, 2006.

_____. *Estudos de direito processual*. São Paulo: LTr, 2009.

_____. O processo de execução trabalhista e o desafio da efetividade processual. In: *Revista LTr*, São Paulo, v. 65, n. 12, dez. 2002.

CHIOVENDA, Guiseppe. *Instituições de direito processual civil*. v. I. São Paulo: Saraiva, 1965.

COMPARATO, Fábio Konder. *A afirmação histórica dos direitos humanos*. São Paulo: Saraiva,1999.

CORDEIRO, Wolney de Macedo. A execução provisória trabalhista e as novas perspectivas diante da Lei n. 11.232, de dezembro de 2005. In: *Revista LTr*, ano 71, n. 4, abr. 2007.

_____. Cumprimento provisório das sentenças trabalhistas. In: CHAVES, Luciano Athayde (Org.). *Curso de processo do trabalho*. São Paulo: LTr, 2009.

_____. Multa do art. 523 do novo CPC (antigo art. 475-J). In: MIESSA, Élisson (Org.). *O novo Código de Processo Civil e seus reflexos no processo do Trabalho*. 2. ed. Salvador: JusPodivm, 2016.

COSTA, Marcelo Freire Sampaio. Atentado e a proibição de o réu falar nos autos — leitura constitucional necessária. In: *Revista Dialética de Direito Processual*, n. 22, jan. 2005.

_____. *Execução provisória satisfativa nas ações coletivas trabalhistas*. São Paulo: LTr, 2012.

_____. Incidente de resolução de demanda repetitiva. O novo CPC e a aplicação no processo do trabalho. In: MIESSA, Elisson (Org.). *O novo Código de Processo Civil e seus reflexos no processo do trabalho*. Salvador: JusPodivm, 2015. p. 613-628.

_____. *Reflexos da reforma do CPC no processo do trabalho:* leitura constitucional do princípio da subsidiariedade. São Paulo: Método, 2007.

_____. *Reflexos da reforma do CPC no processo do trabalho. Princípio da subsidiariedade — leitura constitucional (conforme e sistemática)*. 2. ed. Rio de Janeiro: Forense. 2013.

DELGADO, Gabriela Neves; DUTRA, Renata Queiroz. A aplicação das convenções processuais do novo CPC ao processo do trabalho na perspectiva dos direitos fundamentais. In: MIESSA, Elisson (Org.). *O novo Código de Processo Civil e seus reflexos no processo do trabalho*. Salvador: JusPodivm, 2015.

DIAS, Jean Carlos. A crise do papel do juiz na tutela jurisdicional executiva. In: *Revista Dialética de Direito Processual*, n. 33, dez. 2005.

_____. *O controle judicial de políticas públicas*. São Paulo: Método, 2007.

DIAS, José de Aguiar. *Da responsabilidade civil*. 6. ed. Rio de Janeiro: Forense, 1995.

DIDIER JR., Fredie; BRAGA, Paulo Sarno; OLIVEIRA, Rafael Alexandria de. *Curso de direito processual civil:* teoria da prova, direito probatório, decisão, precedente, coisa julgada e tutela provisória. vol. 2. 10. ed. Salvador: JusPodivm, 2015.

DIMOULIS, Dimitri. *Positivismo jurídico*. São Paulo: Método, 2006.

DINAMARCO, Cândido Rangel. A instrumentalidade do processo. 5. ed. São Paulo: Malheiros, 1996.

_____. *A reforma da reforma*. 3. ed. São Paulo: Malheiros, 2002.

_____. *Execução civil*. 6. ed. São Paulo: Malheiros, 1998.

_____. *Instituições de direito processual civil*. t. I. São Paulo: Malheiros, 2001.

_____. *Nova era do processo civil*. São Paulo: Malheiros, 2003.

DWORKIN, Ronald. *A justiça de toga*. Trad. Jefferson Luiz Camargo. São Paulo: Martins Fontes, 2010.

_____. *Levando os direitos a sério*. Tradução e notas de Nelson Boeira. São Paulo: Martins Fontes, 2002.

ESPÍNDOLA, Ruy Samuel. *Conceito de princípios constitucionais*. 2. ed. São Paulo: Revista dos Tribunais, 2002.

ESSER, Josef. *Principio y norma en la elaboración jurisprudencial del derecho privado*. Barcelona: Bosch, 1961.

FERNANDES JÚNIOR, Raimundo Itamar Lemos. *Direito processual do trabalho à luz do princípio constitucional da duração razoável*. São Paulo: LTr, 2008.

FERREIRA, Aurélio Buarque de Holanda. *Miniaurélio*. 6. ed. Curitiba: Posigraf, 2004.

FREITAS, Juarez. *A interpretação sistemática do direito*. 4. ed. São Paulo: Malheiros, 2004.

GARCIA, Gustavo Filipe Barbosa. Lei n. 11.232/2005: Reforma da execução civil e direito processual do trabalho. In: *Revista IOB* (Trabalhista e Previdenciária), ano XVII, n. 203, maio 2006.

_____. *Terceira fase da reforma do Código de Processo Civil*. São Paulo: Método, 2006.

_____. Tutela jurisdicional específica e sua execução no direito processo do trabalho. In: *Revista LTr*, ano 72, n. 5, maio 2008.

GASPARINI, Maurício. As tropas de elite e a febre de efetividade na execução trabalhista. In: *Revista LTr*, ano 72, n. 3, mar. 2008.

GENEHR, Fabiana Pacheco. A aplicação da multa do art. 475-J do CPC e seus reflexos no processo do trabalho — uma análise principiológica. In: *Revista LTr*, ano 72, n. 4, abr. 2008.

GIGLIO, Wagner. *Direito processual do trabalho*. 11. ed. São Paulo: Saraiva, 2000.

GUERRA, Marcelo Lima. *Direitos fundamentais e a proteção do credor na execução civil*. São Paulo: RT, 2003.

_____. Reflexões em torno da distinção entre execução provisória e medidas cautelares antecipatórias. In: *Revista de Processo – REPRO*, n. 57, São Paulo, 1990.

GÓES, Gisele Santos Fernandes. *Princípio da proporcionalidade no processo civil*. São Paulo: Saraiva, 2004.

GOMES, Orlando. *Obrigações*. 8. ed. Rio de Janeiro: Forense, 1992.

GUSMÃO, Bráulio Gabriel. Reforma da execução civil. — Lei n. 11.232/2005 e sua repercussão no direito processual do trabalho — efeitos práticos. In: *Revista LTr*, ano 72, n. 1, jan. 2008.

GRAU, Eros Roberto. *Ensaio e discurso sobre a interpretação/aplicação do direito*. 2. ed. São Paulo: Malheiros, 2003.

HERKENHOFF FILHO, Hélio Estellita. *Reformas no Código de Processo Civil e implicações no processo trabalhista*. Rio de Janeiro: Lumen Juris, 2007.

HOFFMANN, Ricardo. *Execução provisória*. São Paulo: Saraiva, 2004.

JACINTHO, Jussara Maria Moreno. *Dignidade humana*. Princípio constitucional. Curitiba:Juruá, 2006.

JORGE, Flávio Cheim; DIDIER JR., Fredie; RODRIGUES, Marcelo Abelha. *A terceira etapa da reforma processual civil*. São Paulo: Saraiva, 2006.

KELSEN, Hans. *Teoria pura do direito*. Tradução de João Batista Machado. 7. ed. São Paulo: Martins Fontes, 2006.

LAURINO, Salvador Franco de Lima. O art. 15 do novo processo civil e os limites da autonomia do processo do trabalho. In: DIDIER JR., Fredie (Org. geral). *Processo do trabalho*. Coleção Repercussões do novo CPC. v. 4. Salvador: JusPodivm, 2015.

LIEBMAN, Enrico Túlio. *Processo de execução*. 3. ed. São Paulo: Saraiva, 1968.

LOPES, João Batista. *Tutela antecipada no processo civil brasileiro*. São Paulo: Saraiva, 2001.

LUCON, Paulo Henrique dos Santos. *Eficácia das decisões e execução provisória*. São Paulo: RT, 2000.

MALLET, Estêvão. Novas modificações no Código de Processo Civil e o processo do trabalho — Lei n. 11.382/2008. In: *Revista LTr*, ano 71, n. 0, maio 2007.

_____. O processo do trabalho e as recentes modificações do Código do Processo Civil. In: *Revista LTr*, ano 70, n. 6, jun. 2006.

MALTA, Christovão Piragibe Tostes. *A execução no processo trabalhista*. São Paulo: LTr, 1996.

MANUS, Pedro Paulo Teixeira; ROMAR, Carla Teresa Martins. *CLT e legislação complementar em vigor*. 6. ed. São Paulo: Malheiros, 2006.

_____. *Execução de sentença no processo do trabalho*. 2. ed. São Paulo: Atlas, 2005.

MARANHÃO, Ney Stany Morais. Multa do art. 475-J do CPC e sua aplicação no processo do trabalho. In: *Revista LTr*, ano 71, n. 10, p. 1.187-1.189, out. 2007.

MARINONI, Luiz Guilherme. *Antecipação de tutela*. 9. ed. São Paulo: RT, 2006.

_____. *Técnica processual e tutela dos direitos*. São Paulo: RT, 2004.

_____. *Teoria geral do processo*. v. 1. São Paulo: RT, 2006.

_____. *Tutela antecipatória, julgamento antecipado e execução imediata da sentença*. São Paulo: RT, 1997.

_____. *Tutela inibitória (individual e coletiva)*. 4. ed. São Paulo: RT, 2006.

MARINONI, Luiz Guilherme; ARENHART, Sérgio Cruz. *Execução*. v. 3. São Paulo: RT, 2007.

_____; _____; MITIDIERO, Daniel. *Curso de processo civil*. Tutela de direitos mediante procedimento comum. Vol. 2. São Paulo: RT, 2015.

MARTINS, Sérgio Pinto. *Direito processual do trabalho*. 23. ed. São Paulo: Atlas, 2005.

_____. Omissão da CLT e a aplicação subsidiária de outros diplomas legais. *Revista do TRT da 2ª Região*, São Paulo, n. 6, 2010.

_____. *Tutela antecipada e tutela específica no processo do trabalho*. 2. ed. São Paulo: Atlas, 2000.

MEDINA, José Miguel Garcia. *Execução civil*. Princípios fundamentais. São Paulo: RT, 2002.

MEIRELES, Edilton. O novo CPC e sua aplicação supletiva e subsidiária no processo do trabalho. In: MIESSA, Elisson (Org.). *O novo Código de Processo Civil e seus reflexos no processo do trabalho*. Salvador: JusPodivm, 2015.

_____. *Temas da execução trabalhista*. São Paulo: LTr, 1998.

_____; BORGES, Leonardo Dias. *A nova reforma processual e seu impacto no processo do trabalho*. São Paulo: LTr, 2006.

_____. A nova execução cível e seus impactos no processo do trabalho. In: *Revista IOB* (Trabalhista e Previdenciária), ano XVII, n. 203, maio 2006.

MIESSA, Elisson. Hipoteca judiciária e protesto da decisão judicial no NCPC e seus impactos no processo do trabalho. In: MIESSA, Elisson (Org.). *O novo Código de Processo Civil e seus reflexos no processo do Trabalho*. 2. ed. Salvador: JusPodivm, 2016. p. 755-773.

_____. Nova realidade: teoria dos precedentes judiciais e sua incidência no processo do trabalho. In: *O Novo Código de Processo Civil e seus Reflexos no Processo do Trabalho*. 2. ed. Salvador: JusPodivm, 2016. p. 1053-1106.

MONNERAT, Fábio Victor da Fonte. Sistemática atual da execução provisória. In: BUENO, Cassio Scarpinella; WAMBIER, Teresa Alvim (Orgs.). *Aspectos polêmicos da nova execução*. São Paulo: Revista dos Tribunais, 2008. v. 4

MOREIRA, José Carlos Barbosa. A Emenda Constitucional n. 45 e o processo. In: *Revista Dialética de Direito Processual*, n. 33, dez. 2005.

_____. Cumprimento e execução de sentença: necessidade de esclarecimentos conceituais. In: *Revista Dialética de Direito Processual*, n. 42, set. 2006.

MORI, Amaury Haruo. Execução trabalhista. In: SANTOS, José Aparecido dos (Coord.). *Execução trabalhista:* homenagem aos 30 anos da AMATRA IX. São Paulo: LTr, 2008.

NASCIMENTO, Amauri Mascaro. *Curso de direito processual do trabalho*. 16. ed. São Paulo: Saraiva, 1996.

NEVES, Daniel Amorim Assunção. *Manual de direito processual civil*. Volume único. 8. ed. Salvador: JusPodivm, 2016.

NOGUEIRA, Antônio de Pádua Soubhie. *Execução provisória da sentença*. Caracterização, princípios e procedimento. São Paulo: RT, 2005.

OLIVEIRA, Francisco Antônio de. *A execução na Justiça do Trabalho*. São Paulo: RT, 1988.

_____. A nova reforma processual — reflexos sobre o processo do trabalho — Leis ns. 11.232/2005 e 11.382/2006. In: *Revista LTr*, ano 70, n. 12, dez. 2006.

PAIVA, Mario Antônio Lobato (Coord.). *A importância do advogado para o direito, a justiça e a sociedade*. Rio de Janeiro: Forense, 2000.

PINTO, José Augusto Rodrigues. A polêmica trabalhista em torno da Lei n. 11.232/2005 — fase de cumprimento das sentenças no processo de conhecimento. In: *Revista LTr*, ano 71, n. 11, nov. 2007.

_____. *Execução trabalhista*. 11. ed. São Paulo: LTr, 2006.

PORTO, Sérgio Gilberto. *Doutrina e prática dos alimentos*. 3. ed. São Paulo: RT, 2000.

RIBEIRO, Leonardo Ferres da Silva. *Execução provisória no processo civil*. São Paulo: Método, 2006.

_____. Primeiras considerações a respeito da atual feição da execução provisória com o advento da Lei n. 11.232/2005. In: WAMBIER, Teresa Arruda Alvim (Coord.). *Aspectos polêmicos da nova execução de títulos judiciais*. São Paulo: RT. 2006. v. 3.

RIBEIRO, Rosires Rodrigues de Almeida Amado. A (ina)plicablidade da multa do art. 475-J do CPC na execução trabalhista. In: SANTOS, José Aparecido dos (Soord.). *Execução trabalhista*: homenagem aos 30 anos da AMATRA IX. São Paulo: LTr, 2008.

ROCHA, Carmem Lúcia Antunes. *Princípios constitucionais da administração pública*. Belo Horizonte: Del Rey, 1994.

SANCHIS, L. Pietro. *Sobre princípios e normas*. Problemas del razonamiento jurídico. Madrid: Centro de Estúdios Constitucionales, 1992.

SANTOS, Enoque Ribeiro dos. *Responsabilidade objetiva e subjetiva do empregador em face do Novo Código Civil*. São Paulo: LTr, 2007.

SANTOS, Ernane Fidélis dos. *As reformas de 2005 e 2006 do Código de Processo Civil*. 2. ed. São Paulo: Saraiva, 2006.

SARAIVA, Renato. *Curso de direito processual do trabalho*. 4. ed. São Paulo: Método, 2007.

SARLET, Ingo Wolfgang. *A eficácia dos direitos fundamentais*. 5. ed. Porto Alegre: Livraria do Advogado, 2005.

SARMENTO, Daniel. *A ponderação de interesses na Constituição Federal*. Rio de Janeiro: Lumen Juris, 2000.

SCHIAVI, Mauro. A aplicação supletiva e subsidiária do Código de Processo Civil ao Processo do Trabalho. In: MIESSA, Elisson (Org.). *O novo Código de Processo Civil e seus reflexos no processo do trabalho*. Salvador: JusPodivm, 2015. p.55.

_____. *Execução no processo do trabalho*. 8. ed. São Paulo: LTr, 2016.

_____. *Manual de direito processual do trabalho*. De acordo com o novo CPC. 9. ed. São Paulo: LTr, 2015.

_____. Novas reflexões sobre a aplicação do art. 475-J do CPC ao processo do trabalho à luz da recente jurisprudência do TST. *Revista LTr*, ano 72, n. 3, mar. 2008.

_____. O novo Código de Processo civil e o princípio da duração razoável do processo. In: MIESSA, Elisson (Org.). *O novo Código de Processo Civil e seus reflexos no processo do trabalho*. Salvador: JusPodivm, 2015. p. 75-85.

SHIMURA, Sérgio. *Título executivo*. São Paulo: Saraiva, 1997.

SILVA, Antônio Álvares da. *Execução provisória trabalhista depois da reforma do CPC*. São Paulo: LTr, 2007.

SILVA, Bruno Freire e. *O novo CPC e o processo do trabalho I*: parte geral. São Paulo: LTr, 2015. p. 28.

SILVA, Fabio Luiz Pereira da. Necessária revisão da aplicabilidade da hipoteca judiciária no processo do trabalho. *Revista LTr*, São Paulo, ano 75, n. 8, p. 959-962, ago. 2011.

SILVA, Ovídio A. Batista da. Ação para cumprimento das obrigações de fazer e não fazer. In: GIORGIS, José Carlos Teixeira (Coord.). *Inovações do Código de Processo Civil*. Porto Alegre: Livraria do Advogado, 1997.

_____. *Curso de processo civil*: execução obrigacional, execução real, ações mandamentais. v. 2. 3. ed. São Paulo: RT, 1998.

SOUTO MAIOR, Jorge Luiz Souto. Reflexos das alterações do Código de Processo Civil no processo do trabalho. In: *Revista LTr*, ano 70, n. 8, ago. 2006.

_____. Teoria geral da execução. In: NORRIS, Roberto (Coord.). *Execução trabalhista*: visão atual. Rio de Janeiro: Forense, 2001.

SOUZA, Marcelo Papaléo. Os reflexos da execução trabalhista em face das alterações do novo CPC. In: DIDIER JR., Fredie (Org.). *Processo do trabalho*. Coleção Repercussões do novo CPC. V. 4. Salvador: JusPodivm, 2015.

SPADONI, Joaquim Felipe. *Ação inibitória*. São Paulo: Revista dos Tribunais, 2002.

STRECK, Lenio Luiz. *Hermenêutica jurídica e(m) crise*. Uma exploração hermenêutica da construção do direito. 7. ed. Porto Alegre: Livraria do Advogado, 2007.

_____. *Verdade e consenso*: Constituição, hermenêutica e teorias discursivas. Rio de Janeiro: Lumen Juris, 2006.

TALAMINI, Eduardo. *Tutela relativa aos deveres de fazer e não fazer*. 2. ed. São Paulo: Revista dos Tribunais, 2003.

TEIXEIRA FILHO, Manoel Antonio. As novas leis alterantes do processo civil e sua repercussão no processo do trabalho. In: *Revista LTr*, ano 70, n. 3, mar. 2006.

_____. *Breves apontamentos à Lei n. 11.382/2006, sob a perspectiva do processo do trabalho*. São Paulo: LTr, 2007.

_____. *Execução no processo do trabalho*. 5. ed. São Paulo: LTr, 1995.

_____. Processo do trabalho — embargos à execução ou impugnação à sentença? (a propósito do art. 475-J do CPC). In: *Revista LTr*, ano 70, n. 10, out. 2006.

TEIXEIRA, Sérgio Torres. Execução de obrigações de fazer e de não fazer: repercussões das regras do novo CPC no modelo processual do trabalho. In: MIESSA, Elisson (Org.). *O novo Código de Processo Civil e seus reflexos no processo do trabalho*. 2. ed. Salvador: JusPodivm, 2016.

THEODORO JUNIOR, Humberto. *Curso de direito processual civil*. v. II. 4. ed. Rio de Janeiro: Forense, 1988.

_____; NUNES, Dierle; BAHIA, Alexandre Melo Franco; PEDRON, Flávio Quinaud. *Novo CPC*. Fundamentos e sistematização. 2. ed. Rio de Janeiro: Forense. p. 19.

TUCCI, José Rogério Cruz e. *Tempo e processo*: uma análise empírica das repercussões do tempo na fenomenologia processual (civil e penal). São Paulo: RT, 1997.

TURA, Marco Antônio Ribeiro. O lugar dos princípios em uma concepção do direito como sistema. In: *Revista de Informação Legislativa*, Brasília, Senado Federal, v. 41, n. 163, jul./set. 2004.

VIEIRA, Patrícia Ribeiro Serra. *A responsabilidade civil objetiva no direito de danos*. Rio de Janeiro: Forense, 2005.

ZANGRANDO, Carlos Henrique da Silva. As inovações do processo civil e suas repercussões no processo do trabalho. In: *Revista LTr*, v. 70, n. 11, nov. 2006.

_____. *Processo do trabalho*. Moderna teoria geral do direito processual. Rio de Janeiro: Forense Universitária, 2007.

ZAVASCKI, Teori Albino. *Antecipação da tutela*. 5. ed. São Paulo: Saraiva, 2007.

_____. *Processo de execução*. Parte Geral. 3. ed. São Paulo: RT, 2004.

WAMBIER, Luiz Rodrigues. *Sentença civil:* liquidação e cumprimento. 3. ed. São Paulo: RT, 2006.

WAMBIER, Teresa Arruda Alvim. Nulidades do processo e da sentença. 6. ed. In: *Coleção Enrico Tullio Liebman*, v. 16, São Paulo: RT, 2007.

WAMBIER, Luiz Rodrigues; WAMBIER, Teresa Arruda Alvim; MEDINA, José Miguel Garcia. *Breves comentários à nova sistemática processual civil*. v. 1. São Paulo: RT, 2006.

Projeto Gráfico e Editoração Eletrônica: Peter Fritz Strotbek – The Best Page
Projeto de Capa: Fabio Giglio
Impressão: Pimenta Gráfica e Editora

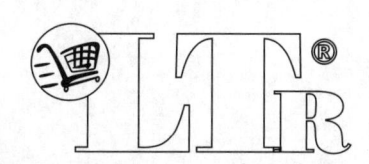

LOJA VIRTUAL
www.ltr.com.br

E-BOOKS
www.ltr.com.br